金晓鋆 / 著

法律援助理论与实务

FA LÜ YUANZHU LILUN YU SHIWU

中国政法大学出版社

2022·北京

图书在版编目（ＣＩＰ）数据

法律援助理论与实务/金晓鋆著. —北京：中国政法大学出版社，2022.4
ISBN 978-7-5764-0426-5

Ⅰ.①法… Ⅱ.①金… Ⅲ.①法律援助－研究－中国 Ⅳ.①D926.04

中国版本图书馆 CIP 数据核字（2022）第 063248 号

出　版　者　　中国政法大学出版社

地　　　址　　北京市海淀区西土城路 25 号

邮寄地址　　北京 100088 信箱 8034 分箱　邮编 100088

网　　　址　　http://www.cuplpress.com（网络实名：中国政法大学出版社）

电　　　话　　010-58908586(编辑部) 58908334(邮购部)

编辑邮箱　　zhengfadch@126.com

承　　　印　　北京九州迅驰传媒文化有限公司

开　　　本　　880mm×1230mm　1/32

印　　　张　　5.125

字　　　数　　150 千字

版　　　次　　2022 年 4 月第 1 版

印　　　次　　2022 年 4 月第 1 次印刷

定　　　价　　49.00 元

序 言
PREFACE

我是一名中共党员，同时也是浙江杭经律师事务所的一名专职律师、三级律师。2020年11月我通过考试取得了高级心理咨询师培训合格证书，2021年12月通过考核取得了企业合规师（高级）专业技能等级培训证书。

本书由心路历程篇、法援感悟篇、法援案例篇、法援学术篇、法援精髓篇五个部分组成。

心路历程篇包括我志愿从事五年法律援助的历程回顾，及回杭州执业后志愿精神的后续。

法援感悟篇为2016年11月6日写给贵州团的一封上传QQ群的致贵州团兄弟姐妹"1+1"志愿感悟。

法援案例篇分别是我在广西天等志愿期间指派办理的黄某追索劳动报酬纠纷案一审和二审；在贵州惠水志

愿期间指派办理的同一起交通事故致两人死亡的机动车交通事故维权案例，包括石某、陈某机动车交通事故赔偿责任纠纷案一审按农村标准赔偿，二审发回重审，及朱某、王某机动车交通事故赔偿责任纠纷案一审按城镇标准赔偿；在湖南永兴志愿期间指派办理的沈某等九位建筑领域进城务工人员群体案件中其中一位追索劳动报酬纠纷案；湖南永兴志愿期间办理的被告人桂某盗窃案及刘某盗窃案，其中桂某盗窃案例入选了中国法律服务网司法行政（法律服务）案例库（案例编号 HNXFYGL1548917866）。

法援学术篇包括论文《劳务派遣中人身损害赔偿法律问题的思考》《浅议〈侵权责任法〉第 17 条的适用与立法完善》及《建筑领域进城务工人员人身损害维权立法研究》。在关注、跟踪法律援助侵权专业前沿发展水平、对此类侵权专业进行深入研究和剖析的基础上，我在这三篇论文中分别提出了"劳务派遣中人身损害赔偿责任承担的理性思考及立法构建"的观点、"同命同价"的观点和"建筑领域进城务工人员即农民工维权立法对策"的观点，并分别于 2016 年 5 月、2018 年 5 月、2019 年 5 月发表于广西日报社主管的《法制与经济》上。对办理此类侵权类案件的律师同行具有参考与借鉴作用。

其中《劳务派遣中人身损害赔偿法律问题的思考》是针对广西天等法律援助中心 2014 年 7 月指派我办理的黄某追索劳动报酬案触发的劳务派遣中人身损害赔偿责任承担的理性思考及立法构建观点，于 2016 年春季法定休假期间撰写。《浅议〈侵权责任法〉第 17 条的适用与立法完善》是针对由 2016 年 9 月、2016 年 12 月、2017 年 1 月惠水法律援助中心指派我办理的石某、陈某一审和二审，朱某、王某一审三个机动车交通事故责任纠纷案件触发的"同命同价"问题，在 2018 年春季法定休假期间撰写。《建筑领域进城务工人员人身损害维权立法研究》是针对由湖南永兴法律援助中心指派我办理的沈某等九位建筑领域进城务工人员群体案件中其中一位劳务报酬追偿案案例触发的人身损害维权立法对策完善问题，在 2019 年春季法定休假期间撰写。

法援精髓篇中的"行政维权"主要是讲解行政法的相关法律知识，特别是 2014 年 11 月 1 日修正的《行政诉讼法》[1]中的亮点、难点。对我在广西天等法律援助中心全程参与承办的陈某（年近七旬老人）状告某市公

---

[1] 《行政诉讼法》，即《中华人民共和国行政诉讼法》。为了表述方便，本书涉及我国法律直接使用简称，省去"中华人民共和国"字样，全书统一，后不赘述。

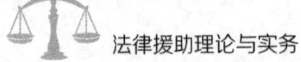

安局违法拘留 10 天的"民告官"（公安局）行政复议案进行了全方位的展示。其中行政复议案案情部分是我结合当事人陈某的叙述所写。

"青少年维权"针对青少年维权法律的特殊保护制度、青少年常见犯罪及其健康成长和心理健康进行讲解。这是我在贵州惠水法律援助中心志愿服务期间利用晚上的休息时间独编的法制课件基础上整理而成的。我于 2016 年 11 月 16 日进惠水县好花红镇中学讲过该课，同学们都听得很认真，收到了很好的效果。

在此，对关心和支持我的各位老师致衷心感谢！并呈给各位律师同仁分享共勉！

金晓鋆

2021 年 10 月 5 日

目 录

CONTENTS

心路历程篇

志愿心路历程

　　2018 年 7 月，在于北京召开的中国"1+1"志愿律师的启动和表彰大会上，一个熟悉的身影又出现了——金晓鎏，一名来自浙江的普通女律师，并再次受到司法部及有关中国律师协会的表彰，这也是对我连续四次参加"1+1"志愿律师、奔赴祖国各地进行法律援助的最充分的肯定。

　　出席表彰会后的第二天，在人们各奔东西时，我已在北京开往湖南长沙的列车上，开启了第五年志愿律师的征途。列车飞速向前行驶，外面的景物如风一般吹逝而过，我静静地回忆思考着，2016 年的这个时间，在北京至贵阳的列车上，我还要忙这忙那，因为项目办委托我担任 2016 年度贵州团的志愿团团长，我当然要与来自全国各地的 14 位志愿律师交流、谈心……今天，我可以静静地思考这四年来当志愿律师的点点滴滴。回想当初，我响应省司法厅、省律协的召唤，参加了中国"1+1"法援志愿律师，至今日已是浙江省志愿从事法律援助时间最长的女律师了。在这4年中，每当我回想企业授法离开时与老总握手时听到的"谢谢"；到学校授课时听到的学生们的掌声和"阿姨不要走"的呼唤；看到5000多位面带苦楚的咨询者，带着微笑离开；250多个案件的受援人获得免费援助后的那份欣慰与感激，我都能获得一种存在感与归属感，更有一种责任感与使命感，并通过这些画面切身体会到法律援助的高尚和人们对法律援助的需求和敬畏。法律可以缩短人与人之间的距离，因为无论你是富甲一方的富有者，还是一文不名的贫弱者；无论你是身居高位者，还是一名普通人，在法律面前都是平等的。我的大脑随着列车的飞奔而思绪万千。我想，列车有终点，但随着依法治国的深入，法律援助事业永远在路上。

志愿是奉献+无私

  2014 年 7 月 14 日，我从北京到达广西南宁，来不及歇息，吃完晚饭就上车去了我第一年的服务地广西天等县。该县是广西壮族自治区离南宁最远的一个县，离越南最近处只有 9 公里，当时还是一个地处西部边疆的国家级贫困县（已于 2020 年退出贫困县序列），交通不便、信息闭塞、基础落后，律师资源严重贫匮。在去天等县的 4 个多小时的车上，我聆听了当地司法局领导的简单介绍。他们表示，他们一直盼望上级派好的志愿律师来帮助他们开展法律援助工作，今天终于盼到了，欣喜之情溢于言表。

  夜幕降临，车外的景物已模糊不清，而我的心情却开始凝重起来，毕竟是从事志愿法律援助的第一年，等待我的是整整一年的考验。我该如何为这个邻近国界的少数民族革命老区力尽所能呢？

  第二天早上我就上班了。在广西从事志愿法律援助的第一年，服务地老百姓听说有个北京派来的志愿律师，办案不收费，纷至沓来。这一年我办理各类案件一百多件，案件既多又复杂，部分案件还是几年以前的遗留案件。在办理每件案件时，我都以质量为"核心"，办成了精品。在谭某某非法制造枪支案中，因为家中实在困难，妻子残疾，孩子年幼，为了生计，谭某某非法制造枪支，希望通过打猎改变家庭状况。由于案件审理时已近年关，法院判了 8 个月刑期。为了使谭某某家能与其他家庭一样过个平安幸福年，我以没有对社会造成危害、当事人不懂法律、认罪态度好及家庭情况等为由，力争法院判缓刑，最终被法院采纳。我代理的未成年人故意伤害案，包括从犯在内的全部辩护意见均得到了法院的采纳，法院判处有期徒刑 10 个月，缓刑 1 年。该案得到了服务地百姓和司法部门的认可。《今日天等》栏目特意报导了我，称我"为农民工撑起一片蓝天"。

作为一名志愿律师应该拥有奉献精神和无私的胸怀，我在服务地艰苦勤俭、任劳任怨，得到了服务地老百姓的认可。天等县气温潮湿，我住的房子是底层房，不远处是公共厕所，窗户又破，宿舍内一天到晚潮湿异常。我本想向司法局提出更换，但在上班一周后的一个星期日，我偶然碰见几位年轻人在打扫司法局的公共卫生。我问他们为什么？对方回答说是为了节约开支，不请保洁工。当时我的内心一下子就被触动了，随即也消除了换房的念头，并告诉这几位年轻人，以后这个事我全包了，叫他们安心工作，安心准备司法考试（现为"法律职业资格考试"）。当我离开天等县时，我带的两位"徒弟"已经拿到了"C证"，且能独立办案，与他们一样拿到"C证"的还有好几位。我深感，"授之以鱼，不如授之以渔"。

在一年期满后，第二年去天等县的志愿律师向司法局领导提出我住过的房间不能再居住了。服务地领导在实地勘看时，发现房内没什么用具，只有一张床，一个小电饭煲，三只碗，一双筷子。他感叹道，"金律师真是个好律师，一个女律师一年来就这么默默地过来了"，并打电话来向我慰问致谢。

这一年，我除了从事办案、咨询、法律宣传等工作以外，还抽时间为服务地司法局制作了一套《婚姻法讲座专题》课件，并修改了宣传资料《企业法律知识读本一册》，根据广西外务人员多的情况，在广西《法制和经济》杂志上发表了一篇名为《劳务派遣中人身损害赔偿法律问题的思考》的论文。

在我志愿服务期满时，服务地司法局领导、法院挽留我，希望我短期或长期在天等县司法部门工作，但都被我婉言谢绝。直到第二年我到贵州息烽时他们还打电话来邀请我。我由衷地感到，雁过留声，只要你无私付出，人们是不会忘记你的。

享受公平正义的红利

　　法律援助是法律赋予每个律师的职责，同时也是一个律师的职业良知所在。有了广西天等县的实践经验，第二年，我被指派到贵州息烽县担任志愿律师。刚到息烽县时，该县司法局局长缺位，许多同志被其他单位借用，法律援助这项工作更是薄弱，我在到达息烽县的第二天便立即着手办理案件，接待咨询，直接担任了"148法律咨询平台"主管，并参加了司法局的每一次会议，为司法局相关制度、政策献言献策。息烽县山多地少，贫困程度较深，土地是当地百姓的唯一生活依靠。为了一点土地，兄弟之间、邻里之间纠纷甚多，甚至会上访。手中的材料一大沓，我根本没有休息时间，有时根本顾不上吃饭，帮助他们协商、调和，确实调解不了的就帮助其向法院起诉，使受援人化解了多年淤积在心中的矛盾。

　　因为法律援助中心每天只有我一个值班律师，所以咨询的人经常是排队等候。由于还要参加庭审，因此我开展法制宣传及"传、帮、带"工作的时间确实不够用。大多数受援人咨询的虽然在一般人看来都是一些鸡毛蒜皮的小事，但在我看来这些却都是大事。我耐心地倾听老百姓的诉说，认真地告诉他们法律是怎么规定的，他们以前走了哪些弯路，以后要如何解决，诉讼程序是怎么回事。在听到我的解答后，受咨询人都会带着微笑离开并按我说的去办，大大减少了社会矛盾。

在受援人石某某的牛溺水死亡案中，某单位根据政府工作安排在石某某家牛的出入地合法挖开了一条河。某天，石某某家的牛却在河中溺死，有关部门及一审法院认为不用赔。但石某某家庭实属贫困，妻子身体不好，大儿子残疾不能行动，小儿子读书需要钱，这头牛是他们家唯一的经济来源，在万般无奈之下，石某某来到我主管的"148 法律咨询平台"。我知道他根本没钱打官司，当即帮助他办理了法律援助。从一审到二审，我以开河时对村民的安全告知不够明确，河开好了没有设置安全设施，以及原告家庭困难等为由提出赔偿请求，二审法院最终判决开河单位赔偿石某某人民币 3000 元。二审法院的判决充分体现了"良法善治"下的公平正义，从我手里接过判决书的那一刻，石某某的妻子流下了喜悦的泪水，激动地说，谢谢政府，谢谢金律师，还说等拿到钱，会给我报销车费。我说这都是应该的。本案使我认识到法律援助实际上是脱贫攻坚的重要组成部分。五年来，我直接为受援人挽回的经济损失已达千万元，使这部分人通过法律援助真正享受了国家提倡的"让人人享受到公平正义的红利"。

刘某的妻子于2013年7月1日在某工厂内干活时受伤，其受伤后厂里给其办理了注销手续，但刘某妻子构成九级伤残，经司法所及政府部门多次调解未成。2015年12月1日，我在受指派后即帮她撰写诉状，收集证据，去法院立案。在法院组织的调解中，双方因数额差距过大而未能达成一致意见。当时刘某情绪激动，认为法院不可信，要求撤诉，继续上访可以多赔钱。我一次次地耐心做思想工作，最终使他放弃了上访的想法。2016年4月中旬，一审法院判决赔偿刘某妻子12万元，但刘某认为赔偿不合理，要求继续依法上诉，并一定要求我帮助他再次依法维权。我再次接受指派后，帮助其撰写上诉状，依法收集证据及赔偿标准的法律条款，2016年6月中旬自费租车去当地的中级人民法院开庭。庭审结束后，双方愿意调解，法院给予一个星期的调解期。我依法凭理积极做双方

的思想工作，最终二审以 15 万元调解结案。双方都对我表示感谢，都说"北京派来的律师真棒"。

这个普通的案例使我真正体会到了律师在实现司法公平正义、促进社会和谐中的应有职责。律师在普及法律的同时还要化解心结。有些一审法院的判决书比较简单，不能使当事人心服口服。要想使当事人罢诉休诉，就必须耐心地向当事人讲解判决书的法律依据及上诉的效果与风险，使当事人知道只有相信法律才能维护社会公平正义，这是律师应起的积极作用。

在结束了为期一年的贵州息烽志愿服务后，在我要回浙江时，服务地司法局领导、法院像天等县一样挽留我，并希望我短期或长期在息烽县司法部门工作，并再三挽留我担任公证员，并许愿享受事业编制全额拨款待遇及其他公证员待遇，但我又一次婉言谢绝了这个好意。

好花开在刺莉蓬

第三年，我踏上了为期一年的贵州惠水法律援助志愿律师之路。

惠水县少数民族居住较多，大多数受援人不会讲普通话，语言沟通是我在惠水遇到的一大难题。但通过请教，多听、多讲，我终于能够顺利开展工作了。在这一年中，许多土地纠纷、赡养纠纷、婚姻家庭案件都在我用情、耐心的解答下得到化解。惠水县的刑事案件较多，在一年的时间里，我经办了20个刑事案件，花去了我很大的精力与时间。时间是像海绵里的水一样挤出来的，我通常都是带着疲惫到深夜。

2016年9月9日惠水县劳动人事争议仲裁委员会的某副院长领着一位职业病五级退休老人来到我办公室。他说："他这个案件比较特殊，我们也没碰到过这样的案例，请您帮他代理。"我当即向他详细了解情况，收集证据，撰写材料,最终在仲裁开庭前以6万元的赔偿达成协议。后因仲裁庭的要求,我成了惠水县劳动人事争议仲裁委员会的一名免费咨询员,把本人照片及信息印在了仲裁庭的窗口墙上。针对惠水县刚执业的律师对劳动仲裁、刑事案件经验缺乏的情况,我还细心指导、传授办案经验。

我分别于2016年9月、2016年12月、2017年1月承办了一起恶性交通事故案。在该案中,受援人石某的儿子和朱某的儿子当场死亡。在办理朱某死亡赔偿案时,一审法院突然通知开庭时间在2017年1月20日,这时我已经在网上订了2017年1月19日回家过年的特价机票510元,因特价机票只能退170元,重新订2017年1月21日机票却已涨到了800元,到杭州、诸暨的列车车票又已全部售完。这一退一购我损失了630元,但在我的据理力争下,朱某被按城镇标准赔偿,挽回各项损失共计59万元。看到受援人那种满意的表情,我甚感欣慰。

可是,一审法院对石某却按农村标准赔偿。[1]同样的赔偿条件,两种不同赔偿方案,石某夫妻情绪非常激动,

---

[1] 最高人民法院《关于审理人身损害赔偿案件适用法律若干问题的解释》已于2022年2月15日由最高人民法院审判委员会第1864次会议通过,自2022年5月1日起施行。根据修订后的解释,人身损害赔偿已经取消农村标准与城镇标准之分。本书案例发生时还存在两种标准,后不赘述。

认为法庭支强欺贫，法律不公，社会反映也十分强烈。当然，对此我也有同感。究其原因，我认为是因为石某夫妻经济困难，在要求减免立案费的情况下，按农村标准立案，但法官在审判时却严重违反了法定程序。在此情况下，我支持石某夫妻上诉，要求二审法院以程序违法为由发回一审法院重审。理由：一是法官在肇事者被羁押的看守所进行庭审，庭审时法官自审自记；二是判决书主要基本事实陈述不清；三是被作为主要证据的刑事判决书还没有生效，但二审法院却认为就算程序上有瑕疵也无所谓，理由不足要求发回重审。而这时一审法院的相关法官在知道了我上诉到二审法院时，用质问的方法向我施加压力，并说我"做得太过分了"。当时我确实感受到了很大的压力。此时，我当然可以推诿，因为只剩一个多月我的服务期就满了。但看到石某夫妻的无奈状，以及社会舆论，为维护法律公平公正的尊严，我一定要给石某夫妻及社会一个交待。为防风险，我把这个案件向司法局做了汇报，并向北京项目办请教，多次跟二审法官电话沟通，并向二审法院提交了近万字的代理意见书，多次阐明同案同条件应是"同命同价"，该案不仅存在程序上的瑕疵，而且是典型的严重程序违法。最后，二审法院采纳了我的申诉，于

2017 年 4 月 17 日发回一审法院重审，并减免了石某夫妻
2849 元的立案费，按城镇标准赔偿 52 万元。这个案例使
我深深地感受到了程序正义的权威与尊严，这是维护法律
公平正义的红线，不容逾越。

这一年，我还担任了贵州大团的团长，虽不需要从事
太多工作，但逢休息时间还是要与各位志愿律师沟通。在
2016 年 11 月份的时候，有几个志愿律师认为艰苦、郁闷、
不安心，我就在 "2016 贵州法援之家" QQ 群上传文件，
以自己的经历撰写了一份给贵州 14 位志愿律师的信。自
此，志愿律师在碰到疑难案件时都会与我交流。在我的帮
助解答下，他们往往能找到解决问题的关键点及思路对
策。在贵州省的欢送会上，我代表贵州志愿团汇报了一年
来的工作与收获，并自豪地陈述贵州志愿团一年工作圆满
结束。我捧着惠水县司法局送我的一幅刺绣画，耳边仿佛
响起了惠水人民美妙而动听的歌词，"好花开在刺莉蓬"。

俯首甘为孺子牛

人生价值可分两种，即自我价值与社会价值。自我价值是索取，而社会价值是奉献。这两种价值对人生的思想、价值有重大影响力，然而社会价值才是衡量人生价值的标准。我希望实现我的社会价值，但个人的力量与智慧是有限的，而参加"1+1"律师项目是我最佳的选择。"1+1"项目是推动社会和谐发展、社会团结进步的一个创新。

2017年7月，我来到湖南省衡南县做志愿律师，随着经济的发展，这里急需业务娴熟的专业律师。该县人口较多，2013年就有130万人，基层法庭8所，半数以上离县城偏远，差不多有60公里，其中有的法庭没有班车到达，过了下午2点就没有回县城的车了。我的办公室在法律援助大厅，负责受援人的法律咨询及办理法律援助案件文书撰写、阅卷归档等工作，其中刑事案件十分突出。我第一天上班接手办理的便是一个涉及6人的于中级人民法院审理的贩卖毒品案件。法律援助中心一直等待援助律师前来办理这个案子。我顶着烈日去阅卷，即使遇到双休日也不间断，去衡山县人民法院依法参加庭审。法院判决后肖某对我说："谢谢金律师！"针对衡南县的特殊情况，我通过执业经验及不断学习查阅资料协助司法局处理了一起涉及12个买房户的信访纠纷案。在刘某离婚案中，我中午加班花费近2个小时做受援人刘某的思想工作，早上6点等公交又转车来回3个小时为受援人刘某去三塘法庭开庭。由于我认真细致、耐心地做受援人的思想工作，双方当庭就离婚及子女抚养达成一致意见。受援人对我说："谢谢金律师！"针对衡南县的特殊情况，我不为名和利，本着求真务实、以人为本、与时俱进的价值观，对于大案疑案认真办理，对于受援人的事无论大事小事都一丝不苟。对于一些案情简单但是相对新型的案件，我在和受援人沟通、分析法律后，由法律援助中心指派律师办理。对于一些欠款、欠工资类纠纷，通过我的接待讲解，受援人往往会要求自行调解且大多调解成功。

2017 年 7 月 27 日，在谢某提供劳务者责任纠纷案中，此案已经被立案受理且已通知 2017 年 8 月 7 日在冠市法庭开庭。接受指派后，我仔细阅读材料及研究案情，及时帮其代写追加被告和变更增加诉讼请求申请书。法院通知变更开庭时间为 2017 年 9 月 7 日。我克服语言障碍，多次与受援人沟通了解案情，得知事发时有两位工友在场看到了事故发生时的事实情况，我又及时帮其代写了申请证人出庭通知书。2019 年 9 月 7 日，我依法来到冠市镇法庭参加庭审，但其中一名被告廖某因为法院开庭通知只通知到其妻子，没有通知到其本人而没有及时参加庭审，法院再次变更开庭时间为 2017 年 9 月 27 日。2017 年 9 月 27 日，谢某提供劳务受害责任纠纷案在冠市镇法庭依法开庭审理，庭审中两位证人依法出庭作证。庭审结束后，在法院组织的调解中，双方因赔偿金额差距较大，不能调解。晚上 8 点我才饿着肚子回到衡南县。针对庭审中被告方提出的重新鉴定申请，我及时通过电话跟谢某讲解重新鉴定的相关知识及对本次赔偿的利弊。在再次鉴定前原被告终于达成除已支付的医疗费之外，再赔偿原告谢某43 000元的调解协议，并向法院申请撤诉。谢某拿到赔偿款后对我说："谢谢金律师！"

　　服务期满后，衡南县司法局也像天等县、息烽县一样希望我继续留下来服务。在期满欢送会上，该县司法局领导对我一年的付出给予了肯定，对我的认真负责、生活艰苦朴素，从不向司法局领导提要求，给予了赞扬。

风雨兼程为你辩护

　　2018 年是我第五年参加 "1+1" 中国法律援助志愿服务。这一年我被指派在湖南省永兴县。

　　该县有 71 万人，但经济相对来说欠发达。人们的法治观念还跟不上时代的发展。各类形形色色的怪案时有发生（比如赡养、偷盗、淫毒案等），当然也有现代社会案（比如交通事故、房屋买卖、奇异的离婚等）。在刑事辩护全覆盖情况之下，刑事辩护案也多了起来，永兴县有律师和法律工作者 38 人左右，全年总共只有 300 多个案件，分派到每个人 10 件也不到。由于法援经费缺少，民事案件的办案补助相对于刑事案件要高一些，加之民事案件法律援助案件数量相对较少，所以当地的律师都愿意办民事案件。所以我那年办的案件较少，是我志愿服务五年内办理案件最少的，只在 2019 年 3 月初至 4 月底相对较多。指派给我的都是一些疑难复杂的案件，包括缺乏证据的，涉及上访甚至涉及邪教的，等等。这些案件的材料大多都在百页以上，有的甚至近千页。如李某等多人贩卖毒品案光是案卷就有 16 本，费时、费精力，而且大多数是被告人不认罪的刑事案件。因为永兴县没有看守所，所以每次会见都要耗费 2 个小时到郴州市公安局看守所会见。每次去看守所我都是凌晨 5 点起床，午饭吃自带的饼干，赶在下午 2 点 30 分之前返回永兴县法律援助中心上班。因为司法局规定早上 8 点之前，下午 2 点 30 分之前上班，且都必须指纹签到。我住的地方到法律援助中心上班约有 3 公里的路程，严冬酷暑、刮风下雨，我从不迟到早退。这一年，我做到了严以律己、问心无愧，办理法律援助案件 25 件。

来到永兴县后，我的工作主要是"坐堂"咨询。在法律援助中心，我是唯一值班接受咨询的值班律师，申请志愿律师的主要目的是接待咨询。法律咨询的确少有人或没人主动要求做：一是因为咨询是免费的；二是因为咨询不仅涉及法律援助范围的事宜，还涉及法律援助外的事宜（如房屋买卖纠纷、房产分割纠纷、商标侵权等）。

法律咨询工作确实是项较难的工作，接待人员必须面对形形色色的人，所以要有精湛的法律知识、灵活机动的沟通能力，同时还必须具备细心、面带微笑的心理素质。我除了在 25 个案件中需要开庭及去看守所以外，其余时间都是值班接受咨询。有时，阅卷等工作我都排在下班以后及休息日。一年来，我总共接待咨询 140 次、186 人。每次咨询完都需要受援人签署评论意见，每次咨询都会被录入如法网。因此我必须认认真真耐心倾听咨询者的诉说，并从情理和法理的角度进行劝说和解答，从最初的无助和满脸怒气，到接受咨询后的那份欣慰与感激，再次让我感到了一种责任感与使命感，又一次体会到了法律援助事业的崇高及人们对法律援助的需求与敬畏。

永兴县志愿服务的结束，给我人生五年的法律援助画上了圆满的句号。

法援是法律赋予每个律师的职责，同时也是一个律师的职业良知所在。与在这次疫情中逆向而行冲向武汉的白衣战士志愿者、奋战在全国脱贫战线上的干部们及隐姓埋名的科学家、守卫边疆的解放军战士相比，我这五年的志愿服务是那么的渺小。他们为了信仰、理想，为国家的富强、社会的进步、人们的幸福，奉献自己甚至可牺牲自己的一切。正是在这种精神的激励下我完成了五年的志愿生涯。

永远在路上

志愿律师精神的延续，我由于特殊原因于 2019 年 7 月暂别了 "1+1" 中国法律援助志愿律师服务，回到了我的原工作地浙江杭州，继续作一名社会律师。在这两年多的时间里，我始终缅怀我的志愿律师生涯，并继续发挥着志愿律师的初心精神。在这期间，我办理了 40 多件各类大小案件。例如，虞某借款纠纷案。在该案中，方某以办企业需资金为名，通过熟人介绍向虞某借款，时间跨度在 6 年以上。但方某以没有偿还能力为理由一直不予还债，而虞某又是一位 70 多岁的老年人，家庭经济困难，打官司又拿不出钱。她听说我已回杭州，要求我帮忙，我就欣然答应了，上门为老人提供法律服务。法院判决方某归还虞某本金加利息近 40 万元，判决后我又陪同帮她申请强制执行，通过法院强制执行，现虞某已从法院领回执行款本金部分。虞某对律师的服务及判决结果感到非常满意。

　　我无论做志愿律师还是社会律师，一直始终遵守一名律师的职业"良知"。律师不是所有案子都可接，所有案子都可办，要向当事人负责，打不赢的官司，要向当事人解释，宣传法律的精神，这对一个律师来说很重要。本人从执业以来共办理大小案件400多件，几乎都得到了当事人的肯定。有些案子一审败了，但二审打赢了。为了提高本人的业务素质及精神素养，我通过了高级心理咨询师考试，并取得了培训合格证书。

　　特别是办理刑事案件的当事人，未经人民法院判决，不得确定任何人有罪。所以，在刑事案件审判中，在侦查和审查起诉阶段，只有犯罪嫌疑人的概念，而没有罪犯的概念。哪怕这个人被检察、公安机关逮捕或羁押，也必须查明该嫌疑犯的犯罪动机、时间、工具、手段、危害结果等事实。所以犯罪嫌疑人应该得到律师的服务。这体现的是法律的公正，而不是让有罪的人逃脱法律的制裁。所以，我在办理刑事案件时，一定耐心地倾听他们的申述。只有犯罪嫌疑人认可辩护律师，与你讲真话、讲实话，你才有可能更了解犯罪嫌疑人的犯罪事实。当然，作为一名辩护律师，我不会向当事人承诺也不应向当事人承诺案件的结果。每个辩护律师都有不同的专业法律意见和各自的专业辩护方案，这是一项每个辩护律师都引以为傲的工作。

"1+1"志愿律师是一座大学校。这座大学校可锤炼每个志愿律师政治、道德、精神、业务、外交等各方面的能力，使其成为一名真正的律师。律师的发展是一个渐进的过程，是一个经验与知识不断积累的过程。这个世界并不存在灵丹妙药，让律师服下后，可以立竿见影、一飞冲天。经验与知识缺一不可。所以，律师必须边工作、边学习。因为社会在飞速发展，而法律也在不断更新完善。每一部法律都是基于时代的需要被制定的，而时代又是不断变更着的，因此法律也必须更新。在已过去的五年志愿工作中，我得到了服务地的领导、同事、群众及受援人的认可及一致好评。我至今还为此感到自豪。当然，这是我努力工作付出的结果。我认为，工作成绩的好坏，主要取决于工作态度，而不是那些所谓的高学历、高水平，它可以反映一个人的精神面貌和思想品德。同时，工作态度也是衡量一个人生存环境好坏的"试金石"，对每个律师来说同样也是必要的。

值得庆贺的是，最近人社等部门联合出台了职称评定制度改革方案，"不唯学历"，论文不再被作为硬指标。这

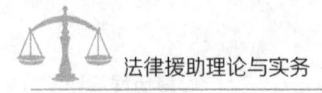

是符合社会发展需要的，可以使那些默默无闻，一心为社会、为人民做贡献的好人评得上相关职称，真正树立以实绩论英雄的导向。

过去五年的志愿律师生涯使我至今回味良多，我付出的微不足道，但我获得的足够享用一生。虽然在物质方面失去了一些，但是我获得了更加珍贵的精神财富。最高人民检察院的《律政方圆》杂志称我是"大山里的法援之花"，《今日天等》称我"为农民工撑起一片蓝天"，《浙江律师》报道我"永远在路上"，《浙江法制报》的报道题为《只要他们需要我、我会一直做下去》，等等。2020年，中国法律援助基金会还向我颁发了志愿律师特出贡献者奖章，我收到奖章及纪念证书时，差点要落下眼泪。我们虽然在"1+1"志愿律师队伍中"退伍"了，但基金会、社会没有忘记我们。

公平正义是司法的灵魂，宪法是我国社会主义法治之魂，作为一名律师，同时也是一名社会主义法律工作者，忠于宪法、维护受援人的合法权益、维护法律正确实施就是我当初选择做律师的初心。

法援感悟篇

致贵州团兄弟姐妹 "1+1" 志愿感悟

我们 "1+1" 志愿律师带着理想于 7 月相聚北京，而我们 14 位同仁如兄弟姐妹同赴贵州，这是机遇与缘分，时间过得真快，全年的 1/3 已过去了。各位兄弟姐妹都好吗？

在剩下的 2/3 的时间里，我们要在总结经验的基础上学习 "长征" 精神，更好地珍惜这一年的机遇与缘分，在服务地有关领导的支持下，更好地服务于当地。努力实践对派出地领导的承诺，高质量地完成项目办指派的各项指标任务。

我们虽在各县独立工作，但我们并不孤立。因为我们有 14 个兄弟姐妹及服务地的广大群众及领导。我们可以互相交流、互相支持。特别是针对工作过程或办案程序的互相交流学习。因为我们是一个团队。

同在贵州省，各县的情况各有差异，但我们可以用不同的形式和方法为服务地的政府和百姓服务。在案多的县，我们以办案为主，化解矛盾，为当地的社会和谐尽我们的微薄之力。在案少的县，我们可以开展法制宣传、制作法制宣传材料，或者成为政府机关的法制参谋。只要我们努力，"雁过留声"，当我们一年期满后，当地领导、百姓一定会记住我们。

作为一名"1+1"志愿律师，特别是今年首次参加的同仁，如何在一年的时间内做一个好的志愿律师？我想应当有"甘为孺子牛"的学习、奉献姿态。学习服务地好的方面，并积极奉献，树立不怕苦、不怕累的精神。我第一年在广西天等县志愿服务时，在全年办理100个案件的基础上，还每逢星期六上午去我工作的司法局打扫部分公共场所的卫生。我从不请一天假，上班下班从不迟到早退。当然，我的付出也是得到了当地领导及百姓的肯定的。直到两年后的今天，还有部分受援人打电话对我表示"谢意"。当我获得2014年度优秀志愿律师奖时，我扪心自问是无愧的。当然，奖只能代表过去，更多的还是对获奖者的鞭策。

一名"1+1"志愿律师是不能用金钱来衡量的。收入肯定是少了许多。如我第一年执业就办各类案件45件以上，案件收入在多年前就已超过了2015年本省律师平均年收入25万元的标准。但"鱼和熊掌"不可兼得。我们的精神收获远远超过物质收获。"一年的付出、终生回报"，当你回忆过去时，你会自豪地说："我曾是一名1+1志愿律师"，并时而感到骄傲。

最后，让我们再接再厉，在项目办的领导下，在贵州省司法厅及服务地领导的支持下，在剩下的2/3的时间里努力工作，为服务地做更大贡献，向各位同仁学习。

天气转冷了，请各位兄弟姐妹保重身体。你们都很忙，越忙越要注意安全。在团内多联系，相互多关心鼓励。

祝周末愉快！

"1+1"贵州惠水县：金晓鋆

2016年11月6日

法援案例篇

石某、陈某机动车交通事故
责任纠纷案一审

2016 年 3 月 22 日，韦某驾驶贵××-315××号变型拖拉机由惠水县长田乡往惠水县高镇镇方向行驶。11 时 25 分许，当车行至贵罗线（贵阳—罗甸）101 省道 34KM + 550M 处时，该车右前轮发生爆胎。在向左侧滑行过程中，车头右侧与对向行驶的由朱某某驾驶的牌照为贵×××29×号的二轮摩托车车头发生碰撞，导致贵××-315××号变型拖拉机侧翻于道路左侧，引发两车自燃，造成朱某某及乘坐贵×××29×号二轮摩托车的石某某受伤，后送医院抢救无效死亡，两车不同程度受损。

受援人石某和陈某系受害人石某某（已死亡）的父母

亲，因经济困难，申请了法律援助，2016 年 9 月，我接受指派办理此案。我向两受援人详细了解了案情，在计算死亡赔偿金按农村还是城镇赔偿的标准问题时，两受援人说受害人石某某虽为农村户口，但已有 3 年以上在县城及周边做装修工作的经历，年收入也远超当年贵州省统计局公布的《贵州省国民经济和社会发展统计公报》的统计数据（当年度贵州省城镇居民人均可支配收入）的标准。基于上述这些情况，受援人要求按城镇标准赔偿。因涉及诉讼费的交纳，我建议两位受援人就能否免交诉讼费及能否按城镇赔偿咨询惠水县人民法院。

惠水县人民法院表示按农村标准赔就可以。我帮他们弄好了全部材料，2016 年 10 月 8 日，受援人在向惠水县人民法院立案庭申请立案时交了诉讼费。

2016 年 12 月 22 日，惠水县人民法院以交通肇事罪判处韦某有期徒刑 3 年 6 个月。2016 年 12 月 26 日，受援人石某和陈某诉韦某机动车交通事故责任纠纷案在惠水县看守所开庭审理。

2016 年 12 月 27 日，惠水县人民法院判决韦某赔偿受援人石某和陈某共计 125 969.9 元，因诉请的精神损害抚慰金 50 000 元法院没有支持，受援人石某和陈某不服一审判决再次申请法律援助，法律援助中心再次指派我办理二审。

案件点评

法院判决时，贵州省惠水县尚存城镇居民赔偿标准和农村赔偿标准之分。一审法院按农村标准依法判决赔偿受援人合计 125 969.9 元，与受援人诉请的金额 176 469.9 元相比较，除交通费 1000 元法院酌情支持了 500 元，精神损害抚慰金 50 000 元没有支持外，其他各项请求都得到了法院的支持。

法院没有支持精神损害抚慰金的理由是：根据最高人民法院《关于适用〈中华人民共和国刑事诉讼法〉的解释》[1] 第 138 条第 2 款的规定："因受到犯罪侵犯，提起附带民事诉讼或者单独提起民事诉讼要求赔偿精神损失的，人民法院不予受理。"（该解释于 2021 年修订后第 175 条第 2 款规定："因受到犯罪侵犯，提起附带民事诉讼或者单独提起民事诉讼要求赔偿精神损失的，人民法院一般不予受理。"）该解释明确规定刑事案件的被害人主张精神损害赔偿的，人民法院不予以支持，且本案被告人

---

〔1〕 2012 年发布，本部分案件案例相关法律规定以案发时为准，下同。

已负刑事责任，受到了法律的严惩，此时，对原告已构成精神抚慰，故原告主张的 50 000 元精神损害抚慰金，法院依法不予以支持。

根据《民事诉讼法》（2012 年）第 164 条规定，当事人不服地方人民法院第一审判决的，有权在判决书送达之日起 15 日内向上一级人民法院提起上诉。当事人不服地方人民法院第一审裁定的，有权在裁定书送达之日起 10 日内向上一级人民法院提起上诉。因诉请的精神损害抚慰金 50 000 元法院没有得到支持，受援人石某和陈某不服一审判决再次申请法律援助，法律援助中心再次指派我办理二审，为其依法维权。

石某、陈某机动车交通事故
责任纠纷案二审

基本案情

因受援人石某和陈某不服一审判决再次申请法律援助，法律援助中心再次指派我办理二审。2017年1月3日，另一受害人朱某某（已死亡）的家属朱某、王某因征地而依照城镇标准赔偿向惠水县人民法院提起民事诉讼，受援人石某、陈某要求受害人石某某（已死亡）的死亡赔偿金也应按城镇标准赔偿。

2017年1月9日，我再次帮受援人石某和陈某撰写上诉状，请求："一、依法撤销贵州省惠水县人民法院作出的［2016］黔27××民初11××号民事判决书；二、改判被上诉人支付上诉人误工费、丧葬费、死亡赔偿金、交通

费等合计 469 825.3 元。事实与理由是一审法院认定事实不清、采信证据违反规则、程序违法、适用法律错误。主要包括以下几点：一是审判程序上违反了"先刑后民"原则。首先是贵州省惠水县人民法院［2016］黔27××刑初1××号刑事判决书写明贵州省惠水县人民检察院以惠检公诉刑诉［2016］1××号起诉书指控被告人韦某（即二审被上诉人）犯交通肇事罪，于2016年12月2日向本院提起公诉。即根据《民事诉讼法》（2012年）第150条第5项的规定，本案必须以另一案的审理结果为依据。另一案尚未审结的和符合第6项其他应当中止诉讼的情形的，法律应裁定中止审理，待刑事判决生效后再恢复审理。而一审法院却没有依法裁定中止审理，属于严重违反法定程序。《民事诉讼法》（2012年）第170条第1款第4项规定："原判决遗漏当事人或者违法缺席判决等严重违反法定程序的，裁定撤销原判决，发回原审人民法院重审。"最高人民法院《关于适用〈中华人民共和国民事诉讼法〉的解释》（2015年）第333条规定："第二审人民法院对下列上诉案件，依照民事诉讼法第一百六十九条规定可以不开庭审理：……（三）原判决、裁定认定事实清楚，但适用法律错误的；（四）原判决严重违反法定程序，需要发回重审的。"二是贵州省惠水县人民法院［2016］黔 27×× 刑初 1××号刑事判决书判决时间为 2016 年 12 月 22 日，且是定期宣判。也就是说，依法推算生效时间是 1 月 3 日。贵州省惠水县人民法院［2016］黔 27×× 民初 11×× 号即一审法院判决被告韦某（即二审被上诉人韦某）赔偿两原告石某、陈某（即二审两上诉人石某、陈某）伤残赔偿金、误工费等共计人民币 125 969.9 元的一审开庭时间为 2016 年 12 月 26 日下午 3 点（实际开庭时间为下午 4 点左右），判决时间为 2016 年 12 月 27 日上午。贵州省惠水县人民法院［2016］黔 27×× 民初 11×× 号判决书送达两原告石某、陈某方（即二审两上诉人石某、陈某方）的时间为 2017 年 12 月 27 日。也就是说，一审开庭及判决书送达时贵州省惠水县人民法院［2016］黔 27××刑初 1×× 号刑事判决书还没有生效。三是开庭庭审笔录由法官自审自记，没有书记员。一审开庭在惠水县看守所会见室内进行，原告方过来旁听的二十多人不能像在惠水县人民法院开庭那样旁听。因为看守所空间小，小小的空间里围满了人。庭审时由承办法官独任审理并由承办法官记录，刑庭被告人韦某（即二审被上诉人）交通肇事案审判长（代）只是站在后面。最高人民法院《关于适用〈中华人民共和国民事诉讼法〉的解释》第 261 条规定:"适用简易程序审理案件,人民法院可以采取捎口信、电话、短信、传真、电子邮件等简便方式传唤双方当事人、通知证人和送达裁判文书以外的诉讼文书。以简便方式送达的开庭通知,未经当事人确认或者没有其他证据证明当事人已经收到的,人民法院不得缺席判决。适用简易程序审理案件,由审判员独任审判,书记员担任记录。"四是一审法院采信未生效的贵州省惠水县人民法院 [2016] 黔 27××刑初 1××号刑事判决书属采信证据违法等。

我陪同受援人向一审法院提交相关材料,办理申请免交诉讼费。2017 年 4 月 17 日,贵州省黔南布依族苗族自治州中级人民法院 [2017] 黔 2×民终 4××号裁定一审法院程序严重违法,发回重审,并批准上诉人免交二审受理费。

2017 年 5 月 26 日,受援人再一次申请法律援助,法援中心再一次指派我办理此案,我接受指派后,帮他们整理了材料,并代写了根据原《侵权责任法》第 17 条:"因同一侵权行为造成多人死亡的,可以以相同数额确定死亡赔偿金"(2021 年 1 月 1 日颁布实施的《民法典》第 1180 条规定:"因同一侵权行为造成多人死亡的,可以以相同

数额确定死亡赔偿金"）之规定受害人石某的死亡赔偿金
也应按城镇标准赔偿的变更诉讼请求申请书等文书，再次
陪同提交承办法官，受援人连声说"谢谢"！

案件点评

这是一起造成两人死亡的交通事故，且韦某没有购买
交强险。肇事方已赔偿朱某夫妻 52 000 元，已赔偿陈某夫
妻 62 000 元，在韦某已没有能力赔偿的情况下，三方不能
调解。

2017 年 1 月 20 日，贵州省惠水县人民法院［2017］
黔 27××民初×号判决按城镇标准赔偿受害人朱某某（已死
亡）的家属死亡赔偿金等相应经济损失共计 590 682.3
元；2017 年 12 月 27 日，惠水县人民法院［2017］黔 27××
民初 11××号判决按农村标准赔偿受害人石某某（已死亡）
家属死亡赔偿金等相应经济损失共计 125 969.9 元。在受
援人在本案中不能感受到公平正义的时候，承办律师设身
处地地为受援人石某、陈某着想，刚正不阿，依法维权，
及时依法维护了受援人石某和陈某的合法权益。两受援人
通过感谢信对我表达了最真挚的感谢！

朱某、王某机动车交通事故
责任纠纷案一审

此案与案例石某、陈某机动车交通事故责任纠纷案系由同一交通事故导致。交通事故发生事情经过与案例石某、陈某机动车交通事故责任纠纷案相同，故不再重复叙述。

2016年12月26日，石某、陈某机动车交通事故责任纠纷案在惠水县看守所开庭，朱某和王某系受害人朱某某（已死亡）的父母。在旁听时，书记员告诉朱某、王某夫妻也可去申请法律援助。2017年12月27日，王某向惠水县法律援助中心申请法律援助，法律援助中心指派我承办。因受害人朱某因系征地农民而属居民户口，2016年1

月 3 日受援人朱某和王某在按城镇赔偿标准向惠水法院立案庭申请立案的同时申请缓交诉讼费。

此案于 2017 年 1 月 20 日在惠水县人民法院开庭审理，我依法出庭为其代理维权。2017 年 1 月 20 日，法院判决被告韦某在该判决生效后 30 日内一次性支付原告朱某、王某各项赔偿费用共计人民币 590 682.3 元。受援人朱某、王某对判决结果满意，表示不再要求上诉。

案件点评

此案是同一交通事故致两人死亡其中一受害人朱某某（已死亡）按城镇标准获赔的案件。此案的亮点之一是依法收集并向法院提交因征地而属居民应按城镇标准赔偿的证据，并得到了法院的支持。亮点之二是诉请的金额除交通费 1000 元只支持了 500 元；丧葬费法院判决采用的是再上一年度职工月平均工资标准乘以 6 个月，即 23 733 元[诉请时我是按贵州省 2015 年度受诉法院所在地上一年职工月平均工资标准乘以 6 个月，即 26 547 元，而在另一案即案例（石某、陈某机动车交通事故责任纠纷案）的一审法院于 2016 年 12 月 27 日判决时已采用 26 547 元的丧葬费标准]外，其余全部诉讼请求均得到了法院的支持（合计 590 682. 3 元）。此案的亮点之三是从受援人 2016 年 12 月 27 日申请法律援助到法院 2017 年 1 月 20 日判决仅用了 25 天的时间。此案亮点之四是此案由"1+1"中国法律援助志愿者金晓銎律师承办。在案件中，我没有收受援人一分钱，也没有让受援人为我花费一分钱。法院通知我开庭时间时，我已从网上购买了回家过年的机票，因 2017 年 1 月 20 日需要开庭，我退掉了 2017 年 1 月 19 日贵阳至杭州的机票，又重新从网上订购了 2021 年 1 月 21 日从贵阳至杭州的机票，这一退一购我无故损失了 630 元。我用专业、敬业、无私奉献精神依法及时维护了受援人的合法权益，受援人对我承办此案感到非常满意。

黄某追索劳动报酬纠纷案一审和二审

2011 年 7 月 10 日至 2012 年 4 月，湖南衡阳农民工黄某等 17 人在发包方为某投资公司、承包方为某某市建筑安装工程公司的某酒店工程中从事外墙抹灰等工作，工资未发，且其余赵某等 16 人共同授权委托黄某领取工资。

2012 年 12 月 26 日，黄某到天等县劳动监察大队、天等县信访局、天等县公安局、城东派出所、天等县政府、天等县总工会等部门信访。

2013 年 1 月 30 日，某投资公司、某某市建筑安装工程公司、黄某三方达成工资预付协议。协议主要涉及三点：

第一点：本着人道主义精神，某投资公司预付黄某 3

万元，剩下的款项大约有 1.86 万元，待第四方广西南宁市某某县韦某到场核对、分清责任后再作处理。

第二点：某投资公司预付 3 万元，在某投资公司应付某某市建筑安装工程公司的工程结算款中扣除。

第三点：某投资公司、某某市建筑安装工程公司、黄某将于 2013 年 4 月 30 日前再到天等县处理余款问题。某投资公司、某某市建筑安装工程公司方负责约第四方广西南宁市某某县韦某到场。

协议签订后，某投资公司、某某市建筑安装工程公司一直未支付剩余的 1.86 万元。

湖南衡阳农民工黄某于 2014 年 1 月 10 日向天等县法律援助中心提出法律援助申请，法律援助中心因没有这方面业务特长的专业律师一直在等志愿律师到来。

2014 年 7 月 15 日接受指派后，我即对案件进行分析、取证，约受援人黄某过来，讲解法律法规，了解案件。在他拿出一些关于案件的资料时，我才发现他在申请法律援助时还有大量的有关案件的证据材料没有提交。于是，我又帮他重新提交证据，结合案情代写了诉讼文书，并建议除了那 1.86 万元工资之外，连同某住宅小区 5-17 栋的6789.84 元也一并起诉，然后帮他一起去劳动人事争议仲裁委员会立案。劳动人事争议仲裁委员会以已过1年的仲裁时效为由不予以受理。然后我又重新撰写了起诉状，帮其去法院立案。由于黄某在广西防城港打工，来回不方便，一些文书、证据材料均需通过邮箱或邮寄，因此我自费坐商业电动三轮车帮他去法院整理证据材料，传送文书。

2014年10月21日法院第一次依法开庭审理后，被告某投资公司提交了证据《建设工程施工合同》，用以证明2010年7月14日某投资公司将某住宅小区5-17栋的土建、水电等建设施工承包给某某建工集团的事实。我根据法院庭审查明的事实情况撰写了追加某某建工集团为被告的申请书，法院依法准许追加。经2014年11月19日第二次开庭审理后，法院于2014年12月1日下达判决，结果如下：①被告某某市建筑安装工程公司支付黄某劳动报酬人民币18 600元；②某某建工集团支付黄某劳动报酬人民币6789.4元。为此，我又帮黄某去法院领来了判决书，他表示非常满意，不再提起上诉，并再次在电话里对我说"谢谢金律师"！

我再次帮黄某去住建部调取某某市建筑安装工程公司和某某建工集团在住建部保证金证明的证据材料，以备执行之需。2014年12月18日，黄某打电话给我，说是接到法院的电话，某某建工集团上诉了，并在电话里对我说，让我再次担任他的二审代理律师。并再一次在电话里请求帮他去法院拿回上诉状，"麻烦金律师了，谢谢金律师"！

法律援助中心再次指派我代理黄某案件的二审，我再一次帮其撰写答辩状等文书，并自费坐车来回 3 个小时帮其去崇左市中级人民法院依法参加庭审。崇左市中级人民法院经依法审理，维持原判。

案件点评

第一，工程建设方某投资公司。尚欠黄某等农民工 17 人的工资 1.86 万元系建设方承包给某某市建筑安装工程公司某酒店外墙抹灰的工资；尚欠黄某等农民工 17 人的工资 6789.4 元系建设方承包给某某建工集团某住宅 5-17 栋的外墙抹灰的工资。在建设方、承包方某某市建筑安装工程公司、某某建工集团依法具有资质的情况下，1.86 万元的工资依法应由某某市建筑安装工程公司支付；6789.4 元的工资依法应由某某建工集团支付。

第二，原《合同法》第 272 条规定："发包人可以与总承包人订立建设工程合同，也可以分别与勘察人、设计人、施工人订立勘察、设计、施工承包合同。发包人不得将应当由一个承包人完成的建设工程肢解成若干部分发包给几个承包人。总承包人或者勘察、设计、施工承包人经发包人同意，可以将自己承包的部分工作交由第三人完成。第三人就其完成的工作成果与总承包人或者勘察、设计、施工承包人向发包人承担连带责任。承包人不得将其承包的全部建设工程转包给第三人或者将其承包的全部建设工程肢解以后以分包的名义分别转包给第三人。禁止承包人将工程分包给不具备相应资质条件的单位。禁止分包单位将其承包的工程再分包。建设工程主体结构的施工必须由承包人自行完成。"（2021年1月1日《民法典》实施后，《合同法》已废止。原《合同法》第272条已由《民法典》第791条代替。）

《关于确立劳动关系有关事项的通知》（劳社部发〔2005〕12号）第4条规定："建筑施工、矿山企业等用人单位将工程（业务）或经营权发包给不具备用工主体资格的组织或自然人，对该组织或自然人招用的劳动者，由具备用工主体资格的发包方承担用工主体责任。"

第三，建筑领域存在层层分包的现象，但是在包工头拒不支付农民工工资的情况下，农民工如何维权？业主、总承包企业、分包企业支付农民工工资的责任怎样确定？

我以丰富的建筑领域农民工维权经验，帮助本案中的受援人黄某及时维护了权利。我周到的服务赢得了外来受援人农民工的好评和感谢！在服务地办理此类案件开了先河，在起到法制宣传、维护公平正义的同时对服务地的同志办理此类案件也发挥很好的传、帮、带的作用。

沈某追索劳动报酬纠纷案

2015 年，沈某等四十余名四川籍工人经人介绍到湖南省永兴县（相隔千里）××商贸城建筑工程有限公司银都商贸城工地从事木工作业，离开工地时，有部分工资没有结清。2016 年 1 月 22 日，永兴县××腾胜置业有限公司与工人代表签订支付农民工工资协议，支付了部分工资，并承诺剩余部分在 2016 年 3 月 31 日前付清，但是其没有如约履行。工人多次讨要未果，去永兴县劳动人事争议仲裁委员会申请劳动仲裁，因已过仲裁时效，劳动人事仲裁委员会不予受理。这些农民工现想起诉追索工资，到永兴县法律援助中心申请法律援助。

沈某是农民工代表，至申请日，该案时间跨度近 3 年，尚有 9 个农民工的工资未支付，合计 165 301 元（其中：沈某 7301 元，何某 16 000 元，党某 19 000 元，党某某 19 000 元，何某某 18 000 元，江某 34 000 元，沈某某 16 000 元，赵某 18 000 元，张某 18 000 元）。

但是，沈某于 2018 年 12 月 3 日来永兴县法律援助中心申请法律援助时，记不清总的金钱数额，误记是 185 301 元未支付，误记是 2016 年腊月初××腾胜置业有限公司付给沈某人民币 102 000 元（大写：拾万零贰仟元整）及江某人民币 20 000 元（大写：贰万元整）。

2018 年 11 月 21 日我接受指派后，首先及时向农民工代表沈某了解案情，确认诉讼请求及代理思路。根据农民工代表沈某提供的木工组工程量汇总表，某工程量汇总表，关于支付农民工工资的协议、木工沈某收款明细表、欠条分析可以得出，至 2016 年 7 月 26 日尚欠 9 个农民工 2015 年 9 月至 2016 年 1 月人工工资 307 301 元。我及时查找企业的工商注册信息，确定该企业为工商注册企业，具有主体资格。其次，沈某又提供了手写的 9 位农民工每人被拖欠工资的数额，但是没有其他证据证明 9 位农民工每人被拖欠的金额。我打印了情况说明，说明由 9 位农民工签名并按手印确认的 9 位农民工每人被拖欠的工资金额。

法律依据

1. 原《民法通则》第 84 条规定："债是按照合同的约定或依照法律的规定，在当事人之间产生的特定的权利和义务关系。享有权利的人是债权人，负有义务的人是债务人。债权人有权要求债务人按照合同的约定或者依照法律的规定履行义务。"（《民法典》第 118 条已将《民法通则》第 84 条修改为："民事主体依法享有债权。债权是因合同、侵权行为、无因管理、不当得利及法律的其他规定，权利人请求特定义务人为或者不为一定行为的权利。"）

2. 最高人民法院《关于民事诉讼证据的若干规定》（2008 年）第 75 条规定："有证据证明一方当事人持有证据无正当理由拒不提供，如果对方当事人主张该证据的内容不利于证据持有人，可以推定该主张成立。"（2020 年 5月 1 日最高人民法院施行的《关于民事诉讼证据的若干规定》第 95 条已将原第 75 条修改为："一方当事人控制证据无正当理由拒不提交，对待证事实负有举证责任的当事人主张该证据的内容不利于控制人的，人民法院可以认定该主张成立。"）

我分析后认为案件欠工资事实清楚，依法理应予以

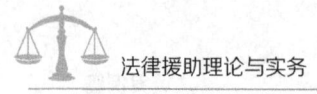

支持。

我分别制作9位农民工的谈话笔录、代写诉状、制作证据清单、缓交申请书、特别授权委托书（由其余8位农民工特别授权沈某）等。加班加点把这些所有的材料于2018年11月22日早上8点之前处理好，由农民工代表沈某拿回后，于2018年12月29日寄回永兴县法律援助中心承办律师。

2019年1月3日帮9位农民工去法院立案，并把立案情况及时告知农民工代表沈某。之后又帮沈某等9位农民工去法院领取受理通知书及传票。

2019年3月6日，此案在永兴县人民法院开庭审理，我提前半个小时来到法院，在庭审前，我跟农民工代表沈某再次讲解法律、分析案情，调解的现实基础对于9位农民工较有利。这时沈某跟承办律师讲，公司跟他打过电话，说是请求上多写了20 000元，他去银行查账后确认是多写了20 000元，那20 000元愿意分担在他名下。于是，庭审前我跟承办法官及时讲清了此事，也和对方公司代表进行了说明和沟通，双方都愿意调解。在庭审前的调解过程中，双方达成了公司于2019年6月5日付清工资及承担案件受理费的协议。沈某等9位农民工对承办结果非常满意，写感谢信致谢。

案件点评

农民工是相对弱势群体，为农民工维权是一项民生工程。"为农民工撑起一片蓝天"也是一名社会主义执业律师的责任与担当。

农民工的维权关系到社会和谐与农民工自身及家庭的幸福感、获得感。需要法律援助及志愿律师的无私奉献及担当精神，社会各界的广泛关注，构建完善的农民工维权立法机制。

桂某盗窃案

桂某系 1992 年出生的一名江西籍的聋哑人，父母、姐姐都系聋哑人，妻子系聋哑人，有一个孩子。

2018 年 5 月 24 日，被告人廖某、令某、韦某、桂某四人共同来到永兴预谋实施扒窃。次日 7 时许，4 名被告人分两组分别行动，桂某和令某一组，由桂某负责望风；廖某和韦某一组，由韦某负责望风。被告人令某和桂某两人在 6 路公交车上扒窃乘客刘某挎包内的现金 3160 元；被告人廖某和韦某两人未寻得合适目标。事后，被告人令某将赃款交给了被告人廖某，由廖某负责管理，部分赃款用于 4 名被告人的吃饭、住宿等生活开支，其余赃款由 4 被告人均分。

到案后，被告人令某、韦某、桂某如实供述了上述事实。

桂某于 2018 年 5 月 28 日被永兴县公安局刑事拘留，经永兴县人民检察院批准，于 2018 年 7 月 4 日被永兴县公安局逮捕。

因被告人桂某系聋哑人，永兴县法律援助中心于 2018 年 7 月 26 日指派我办理此案并担任桂某的辩护人。我当天下午及时送达了公函及委托书等并和永兴县城关派出所承办警察许警官沟通案件及提供翻译一事。后因聋哑学校正值暑假期，聋哑教师已放假，警察帮忙联系的聋哑教师中午 12 点之前需要赶回家给小孩做饭，永兴县没有看守所，看守所在郴州市，我又从许警官处了解到聋哑人可以用微信交流这一情节。

因派出所在近两天即将将案件移交永兴县人民检察院审查起诉，我于 2018 年 7 月 27 日凌晨 4 点起床准备会见思路及准备手续，及时去会见了被告人桂某。在会见时，通过互相写字交流的方式，我向被告人桂某讲解了法律知识及人生观、世界观教育。被告人桂某用写字的方式跟我说："谢谢金律师，辛苦了！"之后，我及时提交了公安阶段律师辩护意见书。

案件移送检察院后，2018 年 8 月 6 日我又及时去检察院阅卷，跟承办的李检察官沟通取保候审事宜。李检察官的意见是因被告人是外省的，所以不能办理取保候审。

2018年8月10日第二次去看守所会见了解案情，2018年9月18日第三次去郴州市公安局看守所会见。因系聋哑人，公安机关、检察院、法院都不能和其家属取得联系。我在会见完后，及时和看守所领导沟通刑满释放后回家路费及和家属联系事宜。

2018年10月17日我依法参加庭审，为其作从轻、减轻辩护，提出辩护意见如下：（1）本起盗窃罪中被告人桂某系聋哑人，《刑法》第19条规定："又聋又哑的人或者盲人犯罪，可以从轻、减轻或者免除处罚。"（2）本起盗窃罪中被告人桂某仅是望风而已，仅起到次要或者辅助的作用，系从犯。《刑法》第27条规定："在共同犯罪中起次要或者辅助作用的，是从犯。对于从犯，应当从轻、减轻处罚或者免除处罚。"（3）被告人桂某认罪态度好，在侦查阶段、检察阶段、法院阶段都能如实供述自己罪行。《刑法》第67条第3款规定："犯罪嫌疑人虽不具有前两款规定的自首情节，但是如实供述自己罪行的，可以从轻处罚；因其如实供述自己罪行，避免特别严重后果发生的，可以减轻处罚。"（4）被告人桂某无犯罪前科，此次系初犯、偶犯。系法治观念淡薄触犯法律。（5）从本起盗窃罪中被告人桂某所起的作用和情节来看，社会危害性较小。

法院最终从轻判决 6 个月有期徒刑并处罚金人民币 1000 元。被告人桂某对判决结果满意，不要求上诉。

案件点评

桂某系一名聋哑人，因法治观念淡薄结识了同为盗窃犯的令某、廖某和韦某，触犯了法律。桂某系聋哑人，依法可以从轻、减轻处罚，又是初犯。但其他 3 名被告人均系累犯，曾因盗窃受过刑事处罚，5 年内又犯盗窃罪。对于聋哑人犯盗窃的情况，这次虽然情节不是很严重，但是重点是做好被告人的思想工作，以防其再次犯罪。为此，我每次去会见时都会花费时间作被告人的思想工作，让他能吸取教训，出去以后要通过自己的勤劳致富，做一个遵纪守法的公民。

为聋哑人提供法律援助，特别是进行共同犯罪辩护，是我五年志愿服务经历中的第一次。为此，我认真查阅了相关的法律法规，以确定辩护人是否必须给被告人提供翻译。当得到否定答案后，我结合案件的实际情况决定采用书写方式交流，促使本案的辩护取得了较好的效果。

本案也触发了一个社会问题。聋哑人作为残疾人这一类特殊群体，虽然他们身体残疾，但是他们只要身残志不残，同样可以通过自己的双手创造属于自己的幸福。当然，聋哑人需要更多的社会关爱，需要更加完善、人性化的残疾人保障机制。使聋哑人能找到适合自己的工作，并通过自己的劳动获得劳动报酬。

刘某盗窃案

案情简介

被告人刘某，其女儿尚在读初中，还有一位80岁高龄的父亲。

湖南省永兴县人民检察院指控：2013年7月至2017年4月，被告人刘某先后4次单独或者伙同戴某（已判刑）、曾某盗窃3辆摩托车及铝合金窗框534.4千克，共计价值22 636元，分得赃款1200元。具体分述如下：

1.2013年7月的一天中午，由曾某提供盗窃目标并望风，被告人刘某和戴某利用自制开锁工具"拍子"，在永兴县人民路布衣食府对面的一居民楼楼梯间，将曹某停放在此的一辆价值3840元的男式黑色××牌两轮摩托车盗走。戴某将被盗摩托车以900元销赃给永兴县某镇某村"某某"，被告人刘某分得300元。

2.2013 年 9 月 19 日中午被告人刘某与戴某在永兴县永湘路三大桥附近一居民楼下，将张某某停放在路边的一辆价值 5240 元的蓝色××牌三轮摩托车盗走，并以 1800 元的价格销赃给永兴县某镇某村的"某某"，被告人刘某分得 900 元。

3.2014 年 4 月 2 日 21 时许，被告人刘某和戴某在永兴县正街老园国税局对面巷子里，采用"拍子"开锁的方式将曹某的一辆价值 2440 元的黑色女士助力摩托车盗走，后销赃给永兴县某镇某村的"某某"。

4.2017 年 4 月 12 日，被告人刘某在永兴县永湘十三号建筑工地盗走铝合金窗框 534.4 千克，经价格认证，被盗铝合金窗框价值 11 116 元。

因涉嫌犯盗窃罪，刘某于 2014 年 5 月 6 日被永兴县公安局监视居住，2018 年 10 月 31 日被永兴县公安局刑事拘留，同年 11 月 9 日被逮捕，2019 年 3 月 7 日至判决日一直被羁押于郴州市公安局看守所。

2019 年 2 月 22 日下午 5 点永兴县法律援助中心指派我代理刘某涉嫌盗窃罪一审法院阶段，被告人认为无罪法院要求法律援助中心提供法律援助。

接受指派后，我于当天下午即去法院阅卷，利用双休日反复阅卷，2月26日去郴州市公安局看守所会见，2月28日依法出庭为被告人刘某涉嫌盗窃罪辩护。发表辩护意见如下：

一、对湖南省永兴县人民检察院郴永检公诉刑诉[2019] ×号起诉书起诉的盗窃3辆摩托车的部分事实和罪名无异议，被告人刘某具有以下从轻、减轻、酌情从轻情节。

1. 本起盗窃罪中被告人刘某仅是望风而已，仅起到次要或者辅助作用，系从犯。根据《刑法》第27条的规定："在共同犯罪中起次要或者辅助作用的，是从犯。对于从犯，应当从轻、减轻处罚或者免除处罚。"

2. 被告人刘某认罪态度好，在侦查阶段、检察阶段、法院阶段都能如实供述自己的罪行。《刑法》第67条第3款规定："犯罪嫌疑人虽不具有前两款规定的自首情节，但是如实供述自己罪行的，可以从轻处罚；因其如实供述自己罪行，避免特别严重后果发生的，可以减轻处罚。"

3. 被告人刘某无犯罪前科。

4. 被告人刘某家庭经济困难，本人身体不好，父亲80岁高龄身体不好需人照顾，女儿还在读初中需要抚养照顾。

二、对湖南省永兴县人民检察院郴永检公诉刑诉 [2019] ×号起诉书起诉的盗窃铝合金有异议。

1. 公安证据卷第 48 页，永兴县价格认证中心关于 534.4 千克铝合金窗框的价格认定结论书（永价认定 [2017] 4×号）。价格认定标的为铝合金窗框，品牌名称：桃缘铝材；规格型号：80 系列，壁厚 1.4；重量 534.4 千克；成新率：80%。此 534.4 千克铝合金窗框在本案中没有直接证据证明系被告人刘某盗窃的赃物。

2. 公安证据卷第 61~62 页第 13~18 项，现场勘验检查笔录，永公（刑）勘 [2017] ××××023040002017×××× ××号，……第二组玻璃有 5 块，在第二组外侧玻璃表面发现两枚指纹痕迹，分别拍照并擦拭提取，编号为 1 号和 2号。内侧有部分玻璃压碎。餐厅的北面为厨房，厨房的西面为内阳台，厨房与内阳台的隔壁南面靠有 2 块无边框玻璃，在外侧的玻璃表面发现两枚指纹痕迹，分别拍照并擦拭提取，编号为 3 号和 4 号。第 63 页现场勘验检查提取痕迹、物品登记表，序号 1、名称指纹；提取部位、餐厅玻璃表面；提取方法、照相/擦拭；数量：4。

3. 公安证据卷第 54 页 2017 年 12 月 19 日湖南省 DNA 数据库比对情况通知单 3 号检材仅指（玻璃表面二号指纹

擦拭物），且未对第二小点中的 1 号指纹擦拭物、3 号指纹擦拭物、4 号指纹擦拭物也进行检材 DNA 数据库比对，即不能排除合理怀疑。

4. 根据罪行法定、疑罪从无有利被告人的原则。本案认定被告人刘某盗窃 534.4 千克铝合金窗框既没有达成证据确凿充分，也不能排除合理怀疑，因此依法不足以认定被告人刘某盗窃 534.4 千克铝合金窗框。

法院经开庭审理查明事实后认定，对于盗窃摩托车部分认定金额为 11 520 元；对于公诉人指控被告人刘某的第 4 起犯罪事实，仅有证人证实在案发现场看到过刘某，且现场的疑似被盗物品上的 4 枚指纹中有 1 枚系被告人的指纹，上述证据仅能证实被告人刘某到过案发现场，无法证实被告人刘某实施了盗窃行为。公诉机关指控被告人刘某实施上述犯罪的证据不足，法院不予支持。

法院判决如下：（1）被告人刘某犯盗窃罪，判处有期徒刑 1 年，并处罚金人民币 8000 元；（2）继续追缴被告人刘某犯罪所得赃款人民币 1200 元，返还被害人。

案件点评

第一，我从 2019 年 2 月 22 日下午 5 点接受指派至 2

月 28 日开庭审理仅 6 天时间，除 2 天双休，仅 4 天时间。在此期间，我完成了从阅卷到会见再到法院开庭依法辩护的相关工作。湖南省高级人民法院、湖南省人民检察院、湖南省公安厅首次对媒体公布的《关于确定我省办理八种财产犯罪案件数额认定标准的意见》（从 2012 年 5 月 1 日开始实施）规定，《刑法》第 264 条盗窃罪：（1）盗窃公私财物"数额较大"的起点为 2000 元；（2）盗窃公私财物"数额巨大"的起点为 20 000 元。相应的量刑档次相对于《刑法》第 264 条规定分别为 3 年以下有期徒刑、拘役或者管制，并处或者单处罚金及 3 年以上 10 年以下有期徒刑并处罚金。律师依法为其辩护，使检察院指控的金额从 22 636 元减少到了 11 520 元，使其量刑档次由第二档次降到了第一档次。

第二，律师依法收集了社区居委会证明，病历资料复印件，被告人刘某及其父亲、女儿的常住人口登记卡复印件，拟证明被告人刘某的家庭情况。检察院质证意见为上述证据与本案定罪量刑没有关联性，不影响本案定罪，即使是被告人 2014 年患病，被告人监视居住期间也应该履行相应的请假手续。法院经合议依法认定，辩护人提交的证据与本案定罪及量刑没有关联性，不符合证据的三性，不予采纳。虽然这些证据不会被法院依法采纳，但是从心理学的角度来看，这些材料还是起到了"首因效应"，让审判法官在判决时能兼顾到这一事实情况。

第三，《刑法》第52条规定："判处罚金，应当根据犯罪情节决定罚金数额。"根据本条规定，罚金数额应当与犯罪情节相适应。也就是说，犯罪情节严重的，罚金数额应当多些，犯罪情节较轻的，罚金数额应当少些。这是罪刑均衡原则在罚金裁量上的具体体现。对于在裁量罚金数额时应否考虑犯罪人缴纳罚金的能力，刑法没有作出规定。但2000年11月15日最高人民法院通过的《关于适用财产刑若干问题的规定》第2条规定："人民法院应当根据犯罪情节，如违法所得数额、造成损失的大小等，并综合考虑犯罪分子缴纳罚金的能力，依法判处罚金。……"在法庭辩护阶段检察院的量刑建议为有期徒刑1年6个月以上2年以下，并处罚金。法院判决有期徒刑1年，并处罚金8000元；继续追缴被告人刘某犯罪所得赃款人民币1200元，返还被害人。

法援学术篇

劳务派遣中人身损害赔偿法律问题的思考

[**内容摘要**] 劳务派遣随着经济的发展已成为劳动力市场的有机组成部分，这种特殊的用工形式因存在三方关系而有别于《劳动法》《劳动合同法》及相关法律法规调整规范的普通劳动关系的两方关系。笔者针对立法层面存在的三重关系的劳务派遣用工形式的赔偿不清问题进行维权保护力度研究。

[**关键词**] 劳务派遣　人身损害赔偿责任　立法构建

一、劳务派遣的概述

（一）劳务派遣单位的概念

劳务派遣，是指劳务派遣机构受特定企业委托招聘员工，并与之签订劳动合同，将员工派遣到企业工作，其劳动过程由企业管理，其工资、福利、社会保险费等由企业提供给派遣机构，再由派遣机构支付给员工，并为员工办理社会保险登记和缴费等事务的一种特殊用工形式。劳务派遣是近些年我国人才市场广泛运用的一种新的用人方式，可跨地区、跨行业进行。

（二）劳务派遣的特征

1. 《劳动合同法》第57条规定："经营劳务派遣业务应当具备下列条件：（一）注册资本不得少于人民币二百万元；（二）有与开展业务相适应的固定的经营场所和设施；（三）有符合法律、行政法规规定的劳务派遣管理制度；（四）法律、行政法规规定的其他条件。经营劳务派遣业务，应当向劳动行政部门依法申请行政许可；经许可的，依法办理相应的公司登记。未经许可，任何单位和个人不得经营劳务派遣业务。"

2. 《劳动合同法》第58条规定："劳务派遣单位是本法所称用人单位，应当履行用人单位对劳动者的义务。劳务派遣单位与被派遣劳动者订立的劳动合同，除应当载明本法第十七条规定的事项外，还应当载明被派遣劳动者的用工单位以及派遣期限、工作岗位等情况。劳务派遣单位应当与被派遣劳动者订立二年以上的固定期限劳动合同，按月支付劳动报酬；被派遣劳动者在无工作期间，劳务派遣单位应当按照所在地人民政府规定的最低工资标准，向其按月支付报酬。"

劳务派遣单位不得克扣用工单位按照劳务派遣协议支付给劳动者的劳动报酬。[1]劳务派遣涉及三方当事人：劳务派遣单位、用工单位和劳动者。其中，劳务派遣单位和劳动者之间是劳动关系，劳务派遣单位是劳动法意义上的用人单位。劳务派遣单位与用工单位之间是劳务派遣合作的民事法律关系，而劳动者和用人单位的关系则比较复杂，属于一种有别于劳动关系的特殊关系，在一定程度上受《劳动合同法》规范。

（三）权利和义务

1. 依据《劳动合同法》《劳动合同法实施条例》之规定，劳动派遣单位的义务如下：

（1）签订劳动合同，载明用工单位、派遣期限和工作岗位等；

（2）合同期限2年以上，按月支付报酬，劳动者无工作期间，按当地最低工资标准按月支付报酬；

---

〔1〕 徐海威、幺书心、高大慧编著：《劳动报酬争议》，法律出版社2011年版，第55页。

（3）将劳务派遣协议的内容告知劳动者；

（4）不得向劳动者收取费用；

（5）不得向本单位和所属单位派遣。

2. 依据《劳动合同法》《劳动合同法实施条例》之规定，用工单位的义务如下：

（1）执行国家劳动标准，提供相应的劳动条件和劳动保护；

（2）告知被派遣劳动者的工作要求和劳动报酬；

（3）支付加班费、绩效奖金，提供与工作岗位相关的福利待遇；

（4）对在岗被派遣劳动者进行必要的培训；

（5）连续用工的，实行正常的工资调整机制。

3. 劳动者的权利：

同工同酬的权利，组织工会的权利。[1]

二、劳务派遣中人身损害的常见类型、赔偿责任承担及立法缺陷

1. 浙江杭州萧山区某劳务派遣公司派遣张某去某建

---

［1］ 张万洪主编：《农民工外出务工法律实务》，武汉大学出版社 2014
年版，第 20 页。

筑公司从事木工作业，2013年11月15日张某在立模时从高处跌下来多处受伤，经杭州市萧山区人力资源和社会保障部认定为工伤二级。工伤认定的主体单位是某劳务派遣公司，木工的工资是6000元/月，按工伤赔偿标准计算，张某的赔偿款约是350 000元（医疗费用除外），另加伤残津贴5100元/月及每月护理费约2143元的伤残津贴。

现行法律规定的劳务派遣企业的最高注册资金是200万元，劳务派遣公司往往不会为员工购买保险。随着人民生活水平的提高，每年的损害赔偿标准和用工成本的提高。劳务派遣有相当一部分涉及风险较高的工种和岗位，如电工、木工、焊工等。在这种情况下，张某应当得到依法合理的赔偿，在劳务派遣单位未为其购买保险的情况下，这笔费用全部要由劳务派遣公司支付。在这种情况下，张某的合法权益很可能无法及时得到保障，对劳务派遣公司的惩罚力度不足，缺乏对相应实际用工单位责任追加的依据。

2. 罗某是浙江杭州萧山区（农村户口）某保安劳务派遣公司员工，在2年内连续被派遣到3个地方从事保安工作，每个地方约7个月，后遇交通事故，造成2个十级伤残。罗某现主张其是某保安劳务派遣单位的员工，其伤残赔偿金应按城镇标准赔偿。按相关司法解释的规定，罗某的收入来源地是农村，因此应按农村标准赔偿，而实际上，罗某的劳动关系所在地是城镇，对于这种情况立法未作明文规定，相关司法解释亦未作相关解释，有待立法及司法解释的完善。

3. 承包工程项目的承包人在承包项目中派遣员工致使员工在工作过程中负工伤的损害赔偿。《劳动合同法》第67条规定："用人单位不得设立劳务派遣单位向本单位或者所属单位派遣劳动者。"实务中，某劳务派遣公司在浙江省杭州市萧山区承包某工程，招用沈某为焊工，后沈某从高空跌下受伤，在医院治疗已2年有余。沈某已经被浙江省杭州市萧山区劳动人事争议仲裁委员会认定为工伤，因为目前正在治疗需医疗费，沈某先向受伤地劳动人事争议仲裁委申请认定2年的停工留期工资，每天按250元计算（按焊工工资标准算）。某劳务派遣公司则认为应按每天150元计算，双方对工资标准不能达成一致意见。浙江省杭州市萧山区劳动人事争议仲裁委员会最终裁决按焊工工资标准计算，某劳务派遣公司不服，向劳务派遣公司设立地沈阳市某县基层人民法院提起诉讼。这显然增加了农民工沈某的维权成本及风险系数，不利于对农民工权益的及时保护。

4. 当被派遣劳动者在工作过程中致他人损害时，在劳务派遣单位与用工单位之间就雇主责任如何进行合理分配成了司法实践中的难题。2009 年我国颁布的《侵权责任法》（现已被《民法典》取代）确立了我国劳务派遣中的雇主责任分配规则，填补了立法上的空白。该法第 34 条第 2 款规定："劳务派遣期间，被派遣的工作人员因执行工作任务造成他人损害的，由接受劳务派遣的用工单位承担侵权责任；劳务派遣单位有过错的，承担相应的补充责任。"《侵权责任法》通过补充责任的引入解决了被派遣劳动者职务侵权时派遣单位以及用工单位之间的雇主责任分配问题。[1]

5. 对于劳务派遣期间劳动者受到第三人损害时的侵权责任，《侵权责任法》（已失效）未予明确规定。但该法第 5 条规定："其他法律对侵权责任另有规定的，依照其规定。"《关于审理人身损害赔偿案件适用法律若干问题的解释》（2003 年）第 12 条第 2 款规定："因用人单位以外

---

〔1〕 蒋琳："劳务派遣中雇主责任问题探析"，载 http://www.jsfy.gov.cn/llyj/xslw/2013/11/14163454365.htmlwww.jsfy.gov.cn，访问日期：2021 年 6 月 5 日。

的第三人侵权造成劳动者人身损害，赔偿权利人请求第三人承担民事赔偿责任的，人民法院应当支持。"但如果劳动者的伤害是因执行工作任务并构成工伤的，用人单位亦应按无过错责任的归责原则承担工伤赔付责任。根据《劳动合同法》的规定，劳务派遣单位的违法行为造成被派遣劳动者权益受到损害的，由于劳动者的损害是因执行工作任务而发生并构成工伤，应承担赔偿责任的主体既包括劳务派遣单位，还包括用工单位，并承担连带赔偿责任。[1]

三、劳务派遣中人身损害赔偿责任承担的理性思考及立法构建

1. 劳务派遣中受伤农民工的工伤认定主体。实务中，劳动人事仲裁委员会一般会认定劳务派遣单位为工伤认定主体单位。从现行《劳动合同法》的规定来看，劳务派遣公司和农民工订立劳动合同且应为其缴纳工伤保险，因此工伤认定的主体是劳务派遣公司符合《劳动合同法》的规定。然而，现行《劳动合同法》又规定：用工单位对劳动

---

〔1〕 蒋琳："劳务派遣中雇主责任问题探析"，载 http://www.jsfy.gov.cn/llyj/xslw/2013/11/14163454365.htmlwww.jsfy.gov.cn，访问日期：2021 年 6 月 5 日。

者提供不低于国家标准以及企业同岗位或相近岗位的劳动条件和劳动保护措施。确保安全的工作环境和条件。保护劳动者在劳动期间的人格权不受侵害；用工单位应为劳动者提供必要的岗位培训。[1]

同时，《劳动争议调解仲裁法》第 22 条第 1 款规定："发生劳动争议的劳动者和用人单位为劳动争议仲裁案件的双方当事人。"最高人民法院《关于审理劳动争议案件适用法律若干问题的解释（二）》（已失效）第 10 条规定："劳动者因履行劳动力派遣合同产生劳动争议而起诉，以派遣单位为被告；争议内容涉及接受单位的，以派遣单位和接受单位为共同被告。"

笔者认为，鉴于以上这种情况，为保护劳动者合法权益的最大化与高效率，应认定劳务派遣单位和用工单位为共同主体。这样劳动者的工伤赔偿就多了一些保障。工伤认定应将劳务派遣单位和用工单位作为共同主体，工伤待遇赔偿责任的承担者也由劳务派遣单位变为劳务派遣单位和用工单位。对于劳务派遣单位和用工单位关于工伤赔偿责任有关方面的约定，适用《民法典》等相关法律、法

---

〔1〕 孙延祜主编：《人力资源经理劳动合同法实务手册》，企业管理出版社 2007 年版，第 185 页。

规，从公平合理和维护弱势群体的角度看，更能体现立法的价值取向。

2. 对于伤残赔偿金的计算标准问题，在当时还适用农村和城镇两种标准赔偿的情况下（即根据 2003 年最高人民法院《关于审理人身损害赔偿案件适用法律若干问题的解释》第 25 条的规定：目前残疾赔偿金赔偿标准存在区分城镇居民人均可支配收入或者农村居民人均纯收入两种适用标准），笔者认为，劳务派遣员工在交通事故中受伤的伤残赔偿金应从有利于弱势群体利益最大化的角度适用赔偿标准。如上述讲到的罗某这种情况应按收入来源地（即劳务派遣单位所在地）适用城镇标准赔偿。换言之，如劳务派遣单位在农村，而被派遣劳动者被派遣到注册地或工作地为城镇的企业，在受伤地已连续工作 1 年以上的也应按城镇标准赔偿。

3. 对于承包工程项目中的派遣员工在工作过程中负工伤的损害赔偿问题，笔者认为，首先应解决工伤认定的主体问题，应认定劳务派遣单位和发包单位为共同主体，另外，对于《劳动争议仲裁调解法》第 21 条规定的管辖问题，笔者认为，从保护弱势群体的角度讲，应由合同履行地或工伤受害者户籍所在地所属劳动人事争议仲裁委员会管辖，双方分别向合同履行地劳动人事争议仲裁委员会提请仲裁和工伤受害者户籍所在地劳动人事争议仲裁委员会仲裁的，由工伤受害人选择的劳动人事争议仲裁委员会管辖。对仲裁裁决不服的，由劳动人事争议仲裁委员会所在地的法院管辖。有利于体现立法对弱势群体保护的原则。

4. 对于被派遣劳动者上班期间侵权时派遣单位以及用工单位之间的雇主责任分配问题。根据《侵权责任法》第34条第2款（现《民法典》第1191条）的规定，劳务派遣单位承担的是过错补充赔偿责任。笔者认为，此处引入对内与对外责任较妥。对外即被派遣劳动者职务侵权，劳务派遣单位和用工单位承担连带责任；对内即劳务派遣单位和用工单位之间内部适用民事合同的约定。这就能体现对受害方作为弱势群体的权益保护及举证责任的公平合理。

5. 对于劳务派遣期间劳动者在上班期间受到第三人侵害的侵权责任。根据最高人民法院《关于因第三人造成工伤的职工或其亲属在获得民事赔偿后是否还可以获得工伤保险补偿问题的答复》，因第三人造成工伤的职工或其近亲属，从第三人处获得赔偿后，可以按照《工伤保险条例》第37条的规定，向工伤保险机构申请工伤保险待遇补偿。笔者认为，劳务派遣其间工伤职工在获得侵权第三人赔偿后还可向劳务派遣单位和用工单位主张工伤保险待遇的双重赔偿，这样可以体现立法对弱者健康权的保护及权责相适应的立法理念。

浅议《侵权责任法》第17条的适用与立法完善

[内容摘要]《侵权责任法》第17条（《民法典》第1180条，下同）规定："因同一侵权行为造成多人死亡的，可以以相同数额确定死亡赔偿金。"笔者认为，从立法的文义和目的理解出发，其针对的是在我国目前存在城乡二元结构及不同人均收入水平、生活消费支出标准的情况下，同一交通事故适用"同命同价"。但在实践操作中，《侵权责任法》第17条存在立法问题，有必要进一步完善立法，以期真正实现立法目的。

[关键词] 侵权行为　交通事故　同命同价　立法完善

　　侵权行为可被分为一般侵权和特殊侵权。相对于一般侵权而言，赔偿时在通常情况下适用"过错责任"的归责原则，举证责任适用"谁主张、谁举证"；而相对于特殊侵权而言，赔偿时在通常情况下适用"无过错责任"归责原则，举证责任适用倒置原则，本来由原告承担的举证责任被转移给被告，如医患纠纷案例，由医院举证医院没有过错。

一、交通事故赔偿的相关规定

（一）"同命同价"的首次规定

交通事故赔偿责任（以下简称"交赔责任"）是指机动车在道路上因过错或意外事件造成的人身伤亡或财产损失事件，而机动车交通事故责任是指在发生道路交通事故后，事故责任人根据相关法律规定应当承担的赔偿责任。

交赔责任在《侵权责任法》未出台之前，主要适用《道路交通安全法》《民法通则》（已失效）以及其他司法解释的相关规定来进行处理。2010 年实施的《侵权责任法》专门设有一章规定机动车交通事故责任。[1]其亮点之一就是《侵权责任法》第 17 条关于"同命同价"的法律规定，即在当时还存在农村和城镇两种户籍标准及相应

---

〔1〕 王业辉：《侵权纠纷案例与实务》，清华大学出版社 2014 年版，第 101～102 页。

法律规定的农村和城镇两种赔偿标准的情况下，首次以法律的形式规定在同一起交通事故造成两人以上死亡或伤残的情况下，如果其中一人可以按城镇标准赔偿，则其他人都可以按城镇标准赔偿。

（二）赔偿主体

在交通事故中，受到人身损害或财产损失的一方有依法主张赔偿的权利，在受害方死亡的情况下，交通事故中死亡受害人的近亲属有依法向肇事方主张赔偿的权利。

（三）赔偿项目及计算方式

根据最高人民法院的司法解释及相应的法律规定，交赔责任赔偿项目包括：医疗费、后续治疗费、误工费。如果是在校学生则可主张补习费、陪护费。如在住院的情况下，可主张住院伙食补助费；在构成伤残或死亡的情况下，可主张伤残赔偿金或死亡赔偿金及相应的精神损害抚慰金；在医生建议或鉴定机构鉴定需要营养期的情况下，可主张营养费；受害人因受伤需治疗而实际产生的交通费可依法主张赔偿。

根据最高人民法院的司法解释及相应的法律规定，医疗费为受害人实际治疗产生的费用，包括门诊及住院费用。误工费为受害人因受伤不能正常工作而产生的误工损失，如受害人是有固定工资收入的人员，则可按其因休息而少发的工资收入主张赔偿误工损失费。如受害人是农民则可按起诉的法院所在地或受害人户籍所在地最近可计算年度的农、林、牧行业标准计算。补习费为学生因就学而实际支出的费用和停课时间相应的金额合理部分。陪护费原则上为停工期间的误工工资损失，在没有固定工作的情况下，可按起诉法院所在地或受害人户籍所在地的起诉时已明确的最近年度的服务行业的收入标准水平计算。对于住院伙食补助费，各地法院一般根据当地的生活水平酌情支持 30 元/天至 100 元/天。伤残赔偿金和死亡赔偿金当时还存在农村和城镇两种标准，分别按照起诉时法院所在地或户籍所在地当年度统计局公布的城镇或农村收入标准计算。精神损害抚慰金目前法院在一般情况下按伤残等级支持，一个等级支持 5000 元。交通费法院一般根据因受伤后实际治疗伤情需发生的交通费用酌情支持。

（四）证明责任

交通事故的受害人向法院起诉要求赔偿的计算方式计算的相应赔偿项目时，有责任提供相应证据证明发生交通事故的事实及赔偿项目的事实依据。交通事故发生的事实依据在一般情况下是交通事故认定书；申请医疗费用、住院伙食补助费赔偿需提供门诊病历、住院病历（包括住院病历、医嘱单、费用清单）；申请营养费、后续治疗费、伤残赔偿金、死亡赔偿金、精神损害抚慰金需提供疾病证明书、具有鉴定资质的司法鉴定机构的鉴定意见书；申请误工费和陪护费的赔偿需提供事故发生前一年的工资清单，纳税证明、请假证明、养老保险交纳证明，如不能提供上述材料，误工费、陪护费分别按法院所在地或受害人户籍所在地上一年度农村人均收入和居民服务、修理及其他服务业收入标准计算；申请交通费赔偿需提供发生交通事故后，因治疗需要而实际发生的交通费发票，如不能提供，法院一般会根据实际情况酌情支持。

二、"同命同价"在实践操作中的立法不足

笔者办理了一起因同一事故（肇事方丙属 ×× 县管辖）造成甲和乙两人死亡的交通事故案件。甲的近亲属和乙的近亲属分别于 2016 年 10 月、2017 年 1 月向事故发生地贵州省×县人民法院提起诉讼。2017 年 1 月，法院判决丙赔偿甲近亲属误工费、丧葬费、死亡赔偿金、交通费等共计 180 000 余元。判决后，甲不服一审判决，上诉至贵州省某中级人民法院，要求按城镇标准赔偿死亡赔偿金。

同时，乙近亲属也向贵州省×县人民法院以失地农民（即城镇）标准要求赔偿死亡赔偿金等经济损失。2017 年 2 月贵州省×县人民法院判决丙赔偿乙误工费、丧葬费、死亡赔偿金、赡养费、交通费等共计 640 000 余元。贵州省某中院以一审法院程序严重违法、影响实体公正为由发回一审法院重审。发回重审后，甲近亲属及时向一审变更诉讼请求为按城镇标准赔偿。一审法院根据《侵权责任法》第 17 条判决按城镇标准赔偿死亡赔偿金共计 590 000 余元。

（一）管辖权

根据《民事诉讼法》（2012 年）第 28 条的规定，因侵权行为提起的诉讼，由侵权行为地或者被告住所地人民法院管辖。例如，上述甲的近亲属和乙的近亲属先后分别向×县人民法院和××县人民法院提起诉讼。笔者认为，在此种情况下，×× 县人民法院应把案件移送×县人民法院管辖。×县人民法院应把甲的近亲属和乙的近亲属分别提起的赔偿诉讼合并审理。而目前立法对《侵权责任法》这一特殊规定没有作出相应的司法解释。就上述案例而言，法院既没有合并审理又没有"同命同价"，导致法院对上述案例判决无法体现《侵权责任法》第 17 条的立法宗旨。

（二）上诉范围的限制

《民事诉讼法》（2012 年）第 168 条规定："第二审人民法院应当对上诉请求的有关事实和适用法律进行审查。"也就是说，就上述案例的事实情况来讲，甲的近亲属在一审时向法院提出了按农村标准赔偿死亡赔偿金的要求，在上诉时向二审法院要求按城镇标准赔偿死亡赔偿金，二审法院在此种情况下不会改判按城镇标准赔偿。这导致法院对上述案例的判决无法体现《侵权责任法》第 17 条的立法宗旨。

（三）谁主张谁举证责任的不合理

一般侵权案件（如机动车交通事故责任纠纷）实行"谁主张、谁举证"原则。就本案而言，甲近亲属在向一审法院起诉时应举证证明交通事故发生的事实，赔偿项目、金额的相应证据。就赔偿项目中的死亡赔偿金而言，贵州省×县当时存在农村和城镇两种不同的赔偿标准。也就是说，甲的近亲属在向一审法院起诉时如需按城镇标准赔偿需提供按城镇标准赔偿的相应法律依据，如居民户口、失地农民等相应证据。而在该案中，在乙近亲属向一审法院以失地农民为由要求按城镇标准赔偿前，甲近亲属不可能提供乙为失地农民的证据。最终结果使一审法院按

农村标准赔偿甲死亡赔偿金，这与《侵权责任法》第 17 条的立法目的不符。

三、"同命同价"的立法思考及完善建议

（一）法官释明权的引入

当上述案例中的甲近亲属向人民法院起诉，法官在审理时应告知当事人《侵权责任法》第 17 条的规定，关于同一交通事故造成 2 人以上死亡可以按同一标准赔偿死亡赔偿金的情形，并告知是否要求中止本案审理，待乙近亲属向法院起诉时合并审理并记入笔录，且以最高人民法院司法解释的形式对此情况作出具体司法解释。

（二）"一事不再理"原则的补救

所谓"一事不再理"原则，即就同一起交通事故而言，一次起诉要求赔偿按农村标准赔偿死亡赔偿金后，不能就按城镇标准赔偿部分数额再向人民法院起诉。也就是说，在上述案例中，甲近亲属向人民法院起诉按农村标准赔偿死亡赔偿金，在二审人民法院受上诉范围的限制不能直接改判按城镇标准赔偿死亡赔偿金的情况下，当事人（即受害人甲的近亲属）又不能就城镇标准赔偿和农村标准赔偿部分差额向人民法院起诉。为使《侵权责任法》第

17条"同命同价"的公平公正原则在实践中得到适用，针对《侵权责任法》第 17 条规定体现的立法精神，以司法解释的形式作出明确规定，允许甲近亲属在向人民法院第一次按农村赔偿标准要求赔偿死亡赔偿金后，就按城镇标准赔偿死亡赔偿金的差额部分再次向人民法院起诉。

（三）公平原则在举证责任上的分担

就甲近亲属向人民法院提起的诉讼，由甲近亲属和乙近亲属承担证明死亡赔偿金按农村标准还是按城镇标准赔偿这一基本事实的证据的证明责任，由最高人民法院司法解释作出明确规定，根据公平原则，此举证责任应改由丙方承担。丙方如不能举证证明甲和乙的死亡赔偿金应按农村标准赔偿，则由法院推定按城镇标准赔偿甲的死亡赔偿金。

（四）死亡赔偿金及伤残赔偿金按城镇标准计算

针对目前存在城乡二元结构两种机动车交通事故责任纠纷死亡赔偿金和伤残赔偿金的事实情况，由最高人民法院以司法解释的形式对《侵权责任法》第 17 条加以细化可以免除先行起诉的一方受害人的近亲属的举证责任，实质上实现了《侵权责任法》第 17 条的"同命同价"精神。

（五）借鉴证人出庭作证承诺书的方法

就上述案例中在甲近亲属先向事故发生地×县人民法

院以农村标准赔偿死亡赔偿金起诉，法院审理时，应借鉴证人作证前签署如实保证书的方法，由甲近亲属向法院如实保证，在乙的死亡赔偿金可按城镇标准赔偿的情况下，放弃城镇和农村差额的追偿权，只要求按农村标准赔偿死亡赔偿金。否则，在不签署如实陈述保证书的情况下，由法院根据《民事诉讼法》（2012 年）第 150 条第 5 项和第 6 项的规定裁定中止审理。

（六）追偿权的引入

《机动车交通事故强制责任保险条例》第 22 条第 1 款规定："有下列情形之一的，保险公司在机动车交通事故责任强制保险责任限额范围内垫付抢救费用，并有权向致害人追偿：（一）驾驶人未取得驾驶资格或者醉酒的；（二）被保险机动车被盗抢期间肇事的；（三）被保险人故意制造道路交通事故的。"就上述第三点而言，丙方如不能举证证明甲和乙的死亡赔偿金应按农村标准赔偿，则由法院推定按城镇标准赔偿甲的死亡赔偿金。由最高人民法院以司法解释的形式作出规定，允许丙向甲亲属追偿城镇标准赔偿死亡赔偿金和农村标准赔偿死亡赔偿金的差额部分。

建筑领域进城务工人员人身损害
维权立法研究

[**内容摘要**] 伴随经济建设的飞速发展，建筑领域涌入了大量进城务工人员，其工作本身的安全问题日益凸显。由于进城务工人员人身损害维权立法不完善，使得进城务工人员在发生事故后维权困难重重。笔者认为，进城务工人员人身损害维权关系到其自身、家庭的幸福及社会和谐，针对维权存在的问题完善维权机制，是当前立法亟须解决的。

[**关键词**] 进城务工人员　人身损害维权　立法缺陷完善对策

一、建筑领域进城务工人员的特点

建筑领域的进城务工人员是我国在改革开放和工业

化、城镇化进程中涌现的一支新型大军。[1]无数进城务工人员辛勤付出，为我国现代化建设做出了重大贡献。同时，由于他们主要从事建筑领域的体力活，危险性高，加上其安全意识不强，一不小心就会发生人身损害的意外事故。

（一）欠缺一定的社会保障

由于建筑领域行业的特殊性，不能像企事业单位那样，由所在企事业单位为员工依法缴纳养老保险、医疗保险、工伤保险等。所以，建筑领域人身损害赔偿力度小。建筑领域的进城务工人员的工资实际上由包工头按天计算，并于完工结算后支付。发包的建筑公司与包工头签订协议，进城务工人员发生人身损害事故由包工头承担赔偿责任。目前法律对建筑领域进城务工人员的保障机制的不完善，使得进城务工人员不能像企业员工那样在受到人身损害的情况下按工伤赔偿。

（二）发生纠纷后难以维权

建筑领域进城务工人员存在招录用手续不规范、维权证据收集难等问题。基于建筑行业的特殊性，受工期和层层分包的影响，进城务工人员通常是经熟人介绍干活（这

---

〔1〕 谢良敏：《中国农民工维权法规政策解读》，法律出版社 2008 年版，第 1 页。

个熟人一般是包工头或工友）。由于欠缺法律知识，一些建筑领域的进城务工人员没有和建筑公司及包工头签订劳动合同或雇佣合同。一旦发生纠纷，进城务工人员手上缺乏维权证据，而劳动监察大队又会因建筑领域进城务工人员工资系包工头发放而非企业发放而不予以受理。

（三）缺乏系统培训且行业危险系数大

建筑行业领域进城务工人员缺乏系统的培训且行业危险系数大。企业员工由学徒到正式工，有一个"传、帮、带"的渐进过程，而建筑领域的进城务工人员到工地后就直接从事体力劳动，往往没有经过安全知识培训就直接上岗工作。

二、建筑领域进城务工人员人身损害维权典型案例

笔者分析了自 2010 年以来自身办理的弱势群体维权的法援案件。其中有相当一部分是建筑领域的进城务工人员人身损害赔偿案件。

（一）案例一

在笔者曾办理的马某维权案中，马某系 X 省人，于2011 年 4 月 17 日到离 X 省千里之远的某省 Y 市某建筑公司某工地，成了一名钢筋工。2011 年 5 月 13 日上午 10

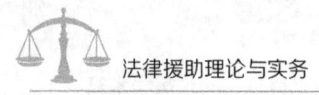

点，马某在扎梁时因模板断裂掉了下来，造成右股骨颈骨折。

马某与建筑公司之间没有签订劳动合同，除了有两位工友能为其作证之外，无其他证据。在请求 Y 市劳动与社会保障局认定工伤前须先认定存在事实劳动关系。2011 年12 月，马某向 Y 市劳动与社会保障局申请劳动仲裁，请求认定事实劳动关系，并申请符某和雷某作为证人出庭作证证明存在事实劳动关系，并证明每月工资应发放数额情况。Y 市劳动与社会保障局依法认定存在事实劳动关系。某建筑公司不服，向 Y 市人民法院提起诉讼，要求撤销劳动局认定的事实劳动关系。一审法院判决马某和某建筑公司之间不存在事实劳动关系。马某不服一审判决，依法提起上诉，请求撤销一审判决，确认马某和某建筑公司之间存在事实劳动关系。在二审法院审理过程中，某建筑公司与马某达成调解协议，马某依法申请撤诉，此时离其受伤已将近两年的时间。

（二）案例二

杨某于 2009 年 5 月来到 XX 省某建筑公司某标 3#-9#担任水电工，3#-9#的水电总承包商是李某，具体由张某在负责，包工头是赵某，也就是说杨某的工资是赵某发的。2010 年 5 月 11 日下午 3 时上班工作时，杨某在使用砂轮切割机切割木头时，切割片破裂，弹到其右手大拇指上，大拇指肿起来了。杨某随即去 YY 市某医院进行了简单包扎，约一星期肿退了下去，杨某右手拇指和食指压在一起很痛，就于 5 月 17 日又去 YY 市某医院拍了片，结果是粉碎性骨折，要住院。这时，赵某叫杨某到 XX 市（离受伤 YY 市相隔近百里）的医院去治疗，杨某去 XX 市的医院住了 15 天，到 11 月拆钢板时又住院 5 天。共花去医疗费 12 000 元，赵某只给了杨某 2000 元医疗费，以后再也没有给过杨某医疗费。

杨某未和某建筑公司签订劳动合同，杨某于 2011 年 1 月 30 日申请劳动仲裁，请求确认存在事实劳动关系。在庭审过程中提供证据如下：某工程五标民工工日上墙表 7 份复印件；预付生活费（工资）表 9 份复印件。依据国家技术监督局 1996 年 3 月 14 日颁布的中华人民共和国国家标准《职工工伤与职业病致残程度鉴定标准》（GB/T16180-1996，已失效）：骨折内固定术后，无功能障碍者为九级伤残。按当时此赔偿标准计算，赔偿金额约 90 000 元。庭审时，在仲裁员、承办律师参与调解下，杨某因碍于诉累，自愿以总计约 30 000 元调解结案。

三、建筑领域进城务工人员人身损害赔偿立法尚需完善

（一）"三险"的缴纳

1. 就上述两案例而言，建筑领域的进城务工人员都没有缴纳"三险"，事故发生后，进城务工人员为了尽快拿到赔偿款早点回家，在无奈之下不得已只能以调解结案。2008 年 1 月 1 日起施行的《劳动合同法》规定用人单位须为劳动者依法缴纳"三险"。然而，基于建筑行业工期、工种、用工方式的特殊性，《劳动合同法》难以适用于建筑企业和进城务工人员。

2. 现实中，进城务工人员为了谋生而务工，务工工资供全家生活之用，养老保险对他们来说也不想交，如果进城务工人员只干了一个月，某建筑企业为他缴纳一个月的养老保险也无实际意义。而实际上，当进城务工人员达到退休年龄后，也需要养老金保障年老无工资收入时的生活来源。

（二）工伤的认定

1. 就上述案例一而言，假设马某与某建筑公司在二审中未能达成一致协议，且二审法院裁定维持一审判决，也就是说，终审结果是马某与某建筑公司不存在事实劳动关系，马某就不能请求认定工伤。

2. 原劳动和社会保障部《关于确立劳动关系有关事项的通知》第 2 条第 1 款规定："用人单位未与劳动者签订劳动合同，认定双方存在劳动关系时可参照下列凭证：……（五）其他劳动者的证言等。"笔者在免费接待咨询时曾有受援人说到劳动人事仲裁委员会要求提供其他两个劳动者的证言，前提是首先证明两个劳动者是公司的员工，对于处于弱势的受援人来说这是很困难的。

3. 在笔者为进城务工人员办理的维权案件中，涉及的工资问题是进城务工人员先预支生活费，至工期结束时结算后再支付，且是包工头支付。进城务工人员人身损害事故发生后，存在不知道用人单位名称的现象，进而给认定工伤带来了举证和取证的困难。甚至包工头和用人单位之间还有内部承包协议，约定进城务工人员的受伤赔偿费用由包工头承担。

4. 再就上述案例一，假设 2013 年 5 月 14 日二审法院判决马某与某建设集团有限公司之间存在事实劳动关系，这时劳动关系就认定下来了，马某下一步的维权是依法认定工伤。《工伤保险条例》第 17 条第 1 款规定："职工发生事故伤害或者按照职业病防治法规定被诊断、鉴定为职业病，所在单位应当自事故伤害发生之日或者被诊断、鉴定为职业病之日起 30 日内，向统筹地区社会保险行政部门提出工伤认定申请。遇有特殊情况，经报社会保险行政部门同意，申请时限可以适当延长。"第 2 款规定："用人单位未按前款规定提出工伤认定申请的，工伤职工或者其近亲属、工会组织在事故伤害发生之日或者被诊断、鉴定为职业病之日起 1 年内，可以直接向用人单位所在地统筹地区社会保险行政部门提出工伤认定申请。"显然，2013 年 5 月 14 日离事故发生的 2011 年 5 月 13 日已过去了 2 年，马某认定工伤已过时效。鉴于法律法规相关部门通知等未就认定事实劳动关系的时间是作为中止还是时效中断作出明确规定，假如某市劳动与社会保障部门以已过时效为由不予以认定，马某就会因已过时效而不能认定工伤。

（三）伤残鉴定标准与赔偿计算标准

1. 就上述案例二而言，杨某所受的伤害属工伤九级，但是《道路交通事故受伤人员伤残评定》（GB18667-2002，已失效）十级要求双足十趾缺失（或丧失功能）20% 以上，而杨某显然相差很远，不能构成十级伤残。在此案中，按人身损害鉴定标准计算杨某的赔偿款在 30 000 元以下。

2. 对于杨某的伤残是按照工伤还是按照道路交通事故标准鉴定，相关法律法规没有作出明确规定。实践中，以健康权纠纷为案由，按道路交通事故标准进行伤残鉴定，以机动车交通事故人身损害赔偿标准为依据计算赔偿项目和金额，以某建筑公司和包工头（包工头没有资质的情况下）为被告，直接向侵权行为地和被告所在地基层人民法院或法庭起诉。理论上，最高人民法院《关于审理工伤保险行政案件若干问题的规定》第3条规定："社会保险行政部门认定下列单位为承担工伤保险责任单位的，人民法院应予支持：……（四）用工单位违反法律、法规规定将承包业务转包给不具备用工主体资格的组织或者自然人，该组织或者自然人聘用的职工从事承包业务时期因工伤亡的，用工单位为承担工伤责任的单位；……前款第（四）、（五）项明确的承担工伤保险责任的单位承担赔偿责任或者社会保险经办机构从工伤保险基金支付工伤保险待遇后，有权向相关组织、单位和个人追偿。"笔者认为，即使直接向人民法院按健康权纠纷起诉也应按工伤鉴定标准进行伤残鉴定。

3. 2017年1月1日实施的《人体损伤致残程度分级》规定劳动能力与交通事故伤残鉴定适用同一标准的情况下，按XX省2019年标准就上述案例杨某九级伤残每月5000元工资计算工伤赔偿金与健康权赔偿金还是有很大区别的。首先，工伤适用无过错原则，健康权赔偿适用过错原则。其次，进城务工人员来自农村，当时按健康权赔偿还存在城镇标准和农村标准，而工伤赔偿则没有城镇和农村之区别。最后，工伤赔偿计算的项目和健康权赔偿的项目计算标准也不同，工伤赔偿标准较高。

4. 上述案例中的杨某九级工伤计算可得的赔偿款与按健康权赔偿标准计算可得的相应不同项目如下。工伤标准不同项：例如，上述案例中的一次性伤残补助金 5000 元/月×9 = 45 000 元；一次性医疗补助金 5000 元/月 × 8 = 40 000元；一次性就业补助金 5000 元/月 × 8 = 40 000 元；合计 125 000 元。健康权标准不同项：伤残赔偿金 12 936 元/年农村标准×20 年×20% = 51 744 元；精神损害抚慰金 10 000 元；合计 61 744 元。显然，工伤标准不同项比健康权标准不同项多了 63 256 元，即按工伤标准计算赔偿不同项比按健康权标准计算赔偿不同项金额多了一倍多。

四、完善建筑领域进城务工人员人身损害赔偿立法的对策

（一）完善"三险"缴纳规定

《工伤保险条例》第 30 条第 3 款规定："治疗工伤所

需费用符合工伤保险诊疗项目目录、工伤保险药品目录、工伤保险住院服务标准的，从工伤保险基金支付。……"第 34 条第 1 款规定："工伤职工已经评定伤残等级并经劳动能力鉴定委员会确认需要生活护理的，从工伤保险基金按月支付生活护理费。"第 35 条规定："职工因工致残被鉴定为一级至四级伤残的，保留劳动关系，退出工作岗位，享受以下待遇：（一）从工伤保险基金按伤残等级支付一次性伤残补助金，标准为：一级伤残为 27 个月的本人工资，二级伤残为 25 个月的本人工资，三级伤残为 23 个月的本人工资，四级伤残为 21 个月的本人工资；（二）从工伤保险基金按月支付伤残津贴，标准为：一级伤残为本人工资的 90%，二级伤残为本人工资的 85%，三级伤残为本人工资的 80%，四级伤残为本人工资的 75%。伤残津贴实际金额低于当地最低工资标准的，由工伤保险基金补足差额；……"显然，对建筑领域的进城务工人员的人身损害的巨额赔付大部分由工伤保险基金支付，前提是缴纳养老保险、医疗保险、工伤保险。是否缴纳"三险"关系到进城务工人员的人身损害赔付的力度，进城务工人员的"三险"缴纳刻不容缓。

1. 住房和城乡建设部、人力资源和社会保障部《建筑工人实名制管理办法（试行）》第 2 条规定："本办法所称建筑工人实名制是指对建筑企业所招用建筑工人的从业、培训、技能和权益保障等以真实身份信息认证方式进行综合管理的制度。"进城务工人员权益保障，特别是建筑领域进城务工人员拖欠工资问题引起了政府相关部门的重视，实名信息和培训保障将有利于构建建筑工人保障长效机制和安全意识。

2. 笔者认为，进城务工人员上"三险"可借鉴住房和城乡建设部、人力资源和社会保障部《建筑工人实名制管理办法（试行）》。政府相关部门应以此通知的形式规定建筑企业（即用人单位）为具有实名信息的进城务工人员依法缴纳养老保险、医疗保险、工伤保险。跨地区、生产流动性大的行业，可以采取相对集中的方式异地参加统筹地区的工伤保险。具体办法由国家劳动保障行政部门会同有关行业的主管部门制定。[1]除工伤依法由工伤保险基金支付的部分外，应由用人单位承担的部分，用人单位可以通过为进城务工人员购买意外险的形式合理规避赔偿风险。

---

〔1〕 张万洪主编：《农民外出务工法律实务》，武汉大学出版社 2014 年版，第 69 页。

（二）进城务工人员的工伤认定解决策略

1. 以立法的形式规定由在工商注册的建筑总承包企业在工程所在地按总工程承包款的 3% 向所在地监管单位预缴进城务工人员人身损害赔偿保证金。建筑工程在工期内发生一定概率的进城务工人员工伤事故，以总承包企业为用人单位，借鉴《民事诉讼法》关于人身损害的时效于 1 年延长到 3 年，工伤认定由进城务工人员在 5 年内或由总承包企业在 90 天内向工程所在地社会保障部门申请认定工伤。

2. 假如总承包企业没有缴纳工伤保险费也没有依法为进城务工人员认定工伤：第一，以立法的形式明确在此种情况下需由监管单位对用人单位处以总承包款 3% 以上至 15% 以下罚款。第二，以司法解释的形式明确原劳动和社会保障部《关于确立劳动关系有关事项的通知》规定的"……二、……（五）其他劳动者的证言等。……"中的劳动者是用人单位的员工，并进一步明确如用人单位认为不是其员工则由其承担举证责任，即举证责任倒置原则。第三，以司法解释的形式明确在为进城务工人员提供受伤进城务工人员病历的基础上，写下承诺书（承诺内容包括受伤经过、来工地工作时间、每月工资及工资发放情况），由劳动监察大队进行调查核实，相关部门负配合协助的义务。第四，笔者认为对于工资支付应以立法或司法解释的形式明确按月支付，且必须向进城务工人员支付工资条，工资条上应有发放工资的具有工商注册的建筑企业（也就是进城务工人员受伤后认定工伤的用人单位）名称，每月工资的具体构成及总金额，并以立法或司法解释的形式规定，在进城务工人员提供工资条的情况下无须认定事实劳动关系便可以直接认定工伤。

（三）进城务工人员维权的快速机制

1. 针对建筑领域进城务工人员维权机制的特殊性，以司法解释的形式允许进城务工人员选择申请仲裁认定工伤或以总承包企业、分包企业、转包个人为连带被告直接向人民法院起诉。鉴定标准参照工伤鉴定标准，赔偿标准由进城务工人员选择按工伤赔偿标准计算或按健康权赔偿标准计算。这样可以为进城务工人员增加维权渠道、最快捷地维护进城务工人员的利益。按照我国法律的规定，用人单位承包经营期间，劳动者与发包方和承包方双方或一方发生劳动争议，依法向人民法院起诉的，应当将承包方和发包方作为当事人。[1]

---

〔1〕 程延园主编：《劳动争议调解仲裁法理解与应用》，中国劳动社会保障出版社 2008 年版，第 195 页。

2.《劳动争议仲裁调解法》第 21 条"仲裁管辖"规定，劳动人事争议仲裁委员会管辖本辖区内发生的劳动争议。劳动争议由劳动合同履行地或者用人单位所在地的劳动人事争议仲裁委员会管辖。双方当事人分别向劳动合同履行地和用人单位所在地的劳动人事争议仲裁委员会申请仲裁的，由劳动合同履行地的劳动人事争议仲裁委员会管辖。《关于审理劳动争议案件适用法律若干问题的解释》（已失效）第 8 条规定："劳动争议案件由用人单位所在地或者劳动合同履行地的基层人民法院管辖。劳动合同履行地不明确的，由用人单位所在地的基层人民法院管辖。"第 9 条第 2 款规定："当事人双方就同一仲裁裁决分别向有管辖权的人民法院起诉的，后受理的人民法院应当将案件移送给先受理的人民法院。"

建筑领域的进城务工人员主要来自农村，在大多数情况下是跨市甚至跨省进城务工的。在进城务工人员在工地工作时发生人身损害事故，特别是重大事故，治疗期满后不能再从事工作，需回家休养的情况下，仲裁需向合同履行地（即工地）和用人单位所在地（和工地及进城务工受伤人员分别属不同的省）的劳动人事争议仲裁委员会提出，这样会增加处于弱势的受伤进城务工人员的维权成本

及难度。

笔者建议以司法解释的形式规定，对于建筑领域的进城务工人员人身损害劳动争议有关事项，进城务工人员认为其户籍地管辖更为有利的，可以向户籍地、合同履行地、用人单位所在地劳动人事争议仲裁委员会申请仲裁或起诉，用人单位向合同履行地或用人单位所在地提起仲裁或者起诉的，进城务工人员在答辩期内提出异议并要求由其户籍地管辖的，劳动人事争议仲裁委员会或人民法院应当依法移送。在增加用人单位仲裁或诉讼成本费用的同时，这样做有利于其积极主动履行赔付义务，也有利于受伤进城务工人员快速、便捷地拿到赔偿款。

五、结语

由于社会发展飞速，立法具有滞后性。需要不断完善和修正进城务工人员的人身损害赔偿立法制度，构建一个完善的进城务工人员人身损害赔偿维权机制，使进城务工人员体会到社会主义法治的温暖，凸显对进城务工人员的人身损害赔偿的维权力度，提升进城务工人员的幸福感和获得感，对促进社会和谐将起到积极作用。

法援精髓篇

行政维权

一、新《行政诉讼法》的解读

2014 年 11 月 1 日，第十二届全国人大常委会第十一次会议表决通过了《关于修改〈中华人民共和国行政诉讼法〉的决定》。新《行政诉讼法》自 2015 年 5 月 1 日起施行。[1] 这是《行政诉讼法》实施 24 年来的首次修改，本次修改涉及的内容较多，也确立了一系列重要制度。主要包含扩大受案范围、立案登记制、管辖制度改革、复议机关为共同被告、依法应诉、裁判方法等。

（一）受案范围进一步扩大

新《行政诉讼法》将司法审查的对象由"具体行政行为"修改为"行政行为"，对"行政行为"作了全新定

---

〔1〕 2017 年《行政诉讼法》进行了第二次修正，但本部分涉及内容均未修改，故本部分采用 2014 年《行政诉讼法》（即"新《行政诉讼法》"）。

义，使司法审查的边界更加清晰。不仅传统意义上的行政机关作出的行政行为，而且由法律、法规、规章授权的组织作出的行政行为，也被纳入了行政诉讼的管辖范围。同时，新《行政诉讼法》对公民权利的保护不再限于人身权和财产权，将行政处罚、行政许可、行政强制、行政征收、行政征用、行政补偿、行政合同、行政确认、履行法定职责等均纳入了司法审查范围。

相关法条链接：

新《行政诉讼法》第2条："公民、法人或者其他组织认为行政机关和行政机关工作人员的行政行为侵犯其合法权益，有权依照本法向人民法院提起诉讼。前款所称行政行为，包括法律、法规、规章授权的组织作出的行政行为。"

第12条："人民法院受理公民、法人或者其他组织提起的下列诉讼：（一）对行政拘留、暂扣或者吊销许可证和执照、责令停产停业、没收违法所得、没收非法财物、罚款、警告等行政处罚不服的；（二）对限制人身自由或者对财产的查封、扣押、冻结等行政强制措施和行政强制执行不服的；（三）申请行政许可，行政机关拒绝或者在法定期限内不予答复，或者对行政机关作出的有关行政许可的其他决定不服的；（四）对行政机关作出的关于确认土地、矿藏、水流、森林、山岭、草原、荒地、滩涂、海域等自然资源的所有权或者使用权的决定不服的；（五）对征收、征用决定及其补偿决定不服的；（六）申请行政机关履行保护人身权、财产权等合法权益的法定职责，行政机关拒绝履行或者不予答复的；（七）认为行政机关侵犯其经营自主权或者农村土地承包经营权、农村土地经营权的；（八）认为行政机关滥用行政权力排除或者限制竞争的；（九）认为行政机关违法集资、摊派费用或者违法要求履行其他义务的；（十）认为行政机关没有依法支付抚恤金、最低生活保障待遇或者社会保险待遇的；（十一）认为行政机关不依法履行、未按照约定履行或者违法变更、解除政府特许经营协议、土地房屋征收补偿协议等协议的；（十二）认为行政机关侵犯其他人身权、财产权等合法权益的。除前款规定外，人民法院受理法律、法规规定可以提起诉讼的其他行政案件。"

（二）立案审查制改为立案登记制

新《行政诉讼法》规定，法院对符合条件的起诉应当登记立案。不能当场判定的，应接收起诉状并出具书面凭证，7 日内决定是否立案。对于不接受起诉状、接受起诉后不出具书面凭证，以及不一次性告知当事人需要补正的起诉状内容的，当事人可以向上一级人民法院投诉，上一级人民法院应当责令改正，并对直接负责的主管人员和其他直接责任人员依法给予处分。

相关法条链接：

新《行政诉讼法》第51条规定："人民法院在接到起诉状时对符合本法规定的起诉条件的，应当登记立案。对当场不能判定是否符合本法规定的起诉条件的，应当接收起诉状，出具注明收到日期的书面凭证，并在七日内决定是否立案。不符合起诉条件的，作出不予立案的裁定。裁定书应当载明不予立案的理由。原告对裁定不服的，可以提起上诉。起诉状内容欠缺或者有其他错误的，应当给予指导和释明，并一次性告知当事人需要补正的内容。不得未经指导和释明即以起诉不符合条件为由不接收起诉状。对于不接收起诉状、接收起诉状后不出具书面凭证，以及不一次性告知当事人需要补正的起诉状内容的，当事人可以向上级人民法院投诉，上级人民法院应当责令改正，并对直接负责的主管人员和其他直接责任人员依法给予处分。"

（三）复议机关为共同被告

新《行政诉讼法》规定，经复议的案件，复议机关维持原行政行为的，复议机关和作出原行政行为的行政机关为共同被告；复议机关改变原行政行为的，复议机关为单独被告。即新《行政诉讼法》施行后，如当事人向被告机关上一级主管政府提起行政复议，无论该政府的复议结果是维持还是改变行政决定，都有可能成为被告，而且法院在审查时应当对该政府的复议决定和原行政行为一并作出裁判。

相关法条链接：

新《行政诉讼法》第 26 条规定："公民、法人或者其他组织直接向人民法院提起诉讼的，作出行政行为的行政机关是被告。经复议的案件，复议机关决定维持原行政行为的，作出原行政行为的行政机关和复议机关是共同被告；复议机关改变原行政行为的，复议机关是被告。复议机关在法定期限内未作出复议决定，公民、法人或者其他组织起诉原行政行为的，作出原行政行为的行政机关是被告；起诉复议机关不作为的，复议机关是被告。两个以上行政机关作出同一行政行为的，共同作出行政行为的行政机关是共同被告。行政机关委托的组织所作的行政行为，委托的行政机关是被告。行政机关被撤销或者职权变更的，继续行使其职权的行政机关是被告。"

（四）管辖制度有新变化

除现有的提级管辖、异地管辖外，集中管辖、跨行政区管辖也被纳入了新《行政诉讼法》。新法施行后，集中管辖、跨区域管辖已全面推开。在级别管辖方面，新《行政诉讼法》规定，对县级以上地方人民政府所作的行政行为提起诉讼的案件，由中级人民法院管辖。结合前述"复议机关为共同被告"的规定分析，今后将会出现当事人通过申请行政复议来改变由基层法院管辖行政案件的局面。

相关法条链接：

新《行政诉讼法》第18条规定："行政案件由最初作出行政行为的行政机关所在地人民法院管辖。经复议的案件，也可以由复议机关所在地人民法院管辖。经最高人民法院批准，高级人民法院可以根据审判工作的实际情况，确定若干人民法院跨行政区域管辖行政案件。"

（五）规范性文件一并司法审查

新《行政诉讼法》规定，当事人可以请求人民法院对规章以下的规范性文件的合法性问题一并进行审查，范围包括县级以上地方各级人民政府及其工作部门的规范性文件，以及乡、镇人民政府的规定。人民法院在审查过程中认为规范性文件不合法的，不作出认定行政行为合法的判决，并向制定机关提出处理建议。

相关法条链接：

新《行政诉讼法》第 53 条规定："公民、法人或者其他组织认为行政行为所依据的国务院部门和地方人民政府及其部门制定的规范性文件不合法，在对行政行为提起诉讼时，可以一并请求对该规范性文件进行审查。前款规定的规范性文件不含规章。"

（六）行政机关依法应诉要求更加严格

一是行政首长出庭应诉被首次写入法律。新《行政诉讼法》第 3 条第 3 款规定，被诉行政机关负责人应当出庭应诉。二是对不出庭应诉的惩戒措施更加明确。新《行政诉讼法》第 66 条第 2 款规定，人民法院对被告经传票传唤无正当理由拒不到庭，或者未经法庭许可中途退庭的，可以将被告拒不到庭或者中途退庭的情况予以公告，并可以向监察机关或者被告的上一级行政机关提出依法给予其主要负责人或者直接责任人员处分的司法建议。

相关法条链接：

新《行政诉讼法》第 3 条规定："人民法院应当保障公民、法人和其他组织的起诉权利，对应当受理的行政案件依法受理。行政机关及其工作人员不得干预、阻碍人民法院受理行政案件。被诉行政机关负责人应当出庭应诉。不能出庭的，应当委托行政机关相应的工作人员出庭。"

第 66 条规定："人民法院在审理行政案件中，认为行政机关的主管人员、直接责任人员违法违纪的，应当将有关材料移送监察机关、该行政机关或者其上一级行政机关；认为有犯罪行为的，应当将有关材料移送公安、检察机关。人民法院对被告经传票传唤无正当理由拒不到庭，或者未经法庭许可中途退庭的，可以将被告拒不到庭或者中途退庭的情况予以公告，并可以向监察机关或者被告的上一级行政机关提出依法给予其主要负责人或者直接责任人员处分的司法建议。"

（七）行政案件有条件调解原则

新《行政诉讼法》首次规定部分行政案件可以进行调解，即行政赔偿、补偿，以及行政机关行使法律、法规的自由裁量权的案件可以调解，调解原则的确立为行政机关、人民法院实质性化解行政纠纷提供了全新的途径和法律依据。

相关法条链接：

新《行政诉讼法》第60条规定："人民法院审理行政案件，不适用调解。但是，行政赔偿、补偿以及行政机关行使法律、法规规定的自由裁量权的案件可以调解。调解应当遵循自愿、合法原则，不得损害国家利益、社会公共利益和他人合法权益。"

（八）法院判决方式有新变化

新《行政诉讼法》删除了维持判决类型，设立了驳回诉讼请求判决、撤销判决、确认违法或无效判决、履行判决、变更判决等判决方式。尤其是确认违法判决，法院对"行政行为程序轻微违法，但对原告权利不产生实际影响的"行政行为，只能判决确认违法。同时，对行政处罚明显不当，或者其他行政行为涉及对款额的确定、认定确有

错误的，人民法院可以判决变更。新《行政诉讼法》规定，行政行为给原告造成损失的，依法判决行政机关承担赔偿责任。

相关法条链接：

新《行政诉讼法》第 69 条规定："行政行为证据确凿，适用法律、法规正确，符合法定程序的，或者原告申请被告履行法定职责或者给付义务理由不成立的，人民法院判决驳回原告的诉讼请求。"

第 70 条规定："行政行为有下列情形之一的，人民法院判决撤销或者部分撤销，并可以判决被告重新作出行政行为：（一）主要证据不足的；（二）适用法律、法规错误的；（三）违反法定程序的；（四）超越职权的；（五）滥用职权的；（六）明显不当的。"

第 71 条规定："人民法院判决被告重新作出行政行为的，被告不得以同一的事实和理由作出与原行政行为基本相同的行政行为。"

第 72 条规定："人民法院经过审理，查明被告不履行法定职责的，判决被告在一定期限内履行。"

第 73 条规定："人民法院经过审理，查明被告依法负有给付义务的，判决被告履行给付义务。"

第74条规定："行政行为有下列情形之一的，人民法院判决确认违法，但不撤销行政行为：（一）行政行为依法应当撤销，但撤销会给国家利益、社会公共利益造成重大损害的；（二）行政行为程序轻微违法，但对原告权利不产生实际影响的。行政行为有下列情形之一，不需要撤销或者判决履行的，人民法院判决确认违法：（一）行政行为违法，但不具有可撤销内容的；（二）被告改变原违法行政行为，原告仍要求确认原行政行为违法的；（三）被告不履行或者拖延履行法定职责，判决履行没有意义的。"

第75条规定："行政行为有实施主体不具有行政主体资格或者没有依据等重大且明显违法情形，原告申请确认行政行为无效的，人民法院判决确认无效。"

第76条规定："人民法院判决确认违法或者无效的，可以同时判决责令被告采取补救措施；给原告造成损失的，依法判决被告承担赔偿责任。"

第77条规定："行政处罚明显不当，或者其他行政行为涉及对款额的确定、认定确有错误的，人民法院可以判决变更。人民法院判决变更，不得加重原告的义务或者减损原告的权益。但利害关系人同为原告，且诉讼请求相反的除外。"

第 78 条规定："被告不依法履行、未按照约定履行或者违法变更、解除本法第十二条第一款第十一项规定的协议的，人民法院判决被告承担继续履行、采取补救措施或者赔偿损失等责任。被告变更、解除本法第十二条第一款第十一项规定的协议合法，但未依法给予补偿的，人民法院判决给予补偿。"

（九）行政机关拒不履行的法律后果更加明确

新《行政诉讼法》规定，行政机关拒绝履行判决、裁定、调解书的，第一审人民法院可以采取直接划拨，对行政机关负责人按日罚款、公示以及向监察机关或者行政机关的上一级行政机关提出司法建议等措施；拒不履行、社会影响恶劣的，人民法院可以对该行政机关直接负责的主管人员和其他直接责任人员予以拘留，直至追究刑事责任。

相关法条链接：

新《行政诉讼法》第 96 条规定："行政机关拒绝履行判决、裁定、调解书的，第一审人民法院可以采取下列措施：（一）对应当归还的罚款或者应当给付的款额，通知银行从该行政机关的账户内划拨；（二）在规定期限内不履行的，从期满之日起，对该行政机关负责人按日处五十元至一百元的罚款；（三）将行政机关拒绝履行的情况予以公告；（四）向监察机关或者该行政机关的上一级行政机关提出司法建议。接受司法建议的机关，根据有关规定进行处理，并将处理情况告知人民法院；（五）拒不履行判决、裁定、调解书，社会影响恶劣的，可以对该行政机关直接负责的主管人员和其他直接责任人员予以拘留；情节严重，构成犯罪的，依法追究刑事责任。"

二、行政诉讼法与行政复议案例

（一）案由

当事人陈某和何某（受害人）对某市公安局 2014 年 5 月 13 日作出的行政处罚决定书（某市公行罚决字［2014］×××2 号及某市公行罚决字［2014］第×××3 号）不服，向该市人民法院提交立案诉讼状，但立案庭不受理该案。法院希望其到该市人民政府复议庭进行行政复议，但当事人认为行政复议庭与某市公安局系上下级关系，"关起门来办案"可能对当事人不利，于是当事人请求我全案办理。但由于我此时已确定赴广西天等县作为期一年的法律援助志愿律师，并要于 7 月 10 日去北京报到，而行政复议时间的时限是 2 个月，因此我只能做一些前沿工作，对于后续的复议工作（如听证、审议），我只能"摇控指挥"。

（二）案情

2014 年 3 月 24 日下午 3 时，当事人家的旁边不到 2 米处有一个 20 世纪 80 年代造的无卫生设施的公共厕所，可称是盖在屋顶、围墙之中的"露天茅坑"，供周围十几户人家用。夏天蚊蝇乱飞，臭气冲天。随着农村住房的改善，这个公共厕所已失去了当时建造的效能，所以当事人及周边十户住户签名盖章要求"村两委"拆除。村里同意并派了抓机，由村干部甲带领前来拆除，当时还有一户村民阻止拆

历史图片说明：这个厕所建造于 20 世纪 80 年代，在"厕所革命"后，我国已基本看不到这样的厕所。其已成为历史，是我国环境卫生改变的写照。

除。理由是："村干部乙答应我把我家里的卫生间造好，在此之前任何人不能拆。"当事人陈某当场责训其已在要求拆除的申请报告上签了同意，显然是在无理取闹。该村民不听劝导，甚至动手打人。在抓机操作人员及村干部甲要回转之时，当事人陈某把男厕所的座位砖头敲掉了两块（见图）。在论理时，该村民还将61岁的当事人何某（女）打翻在地，当事人陈某报警并把何某急送人民医院医治。在医期间当时的村干部丙（已卸任）打电话来说："你们可以出院了，医药费是赔不到的。"而当时的派出所对打人者也不做任何处理。当事人陈某要求根据《治安管理处罚法》对该村民处罚并罚款，当事人陈某在向派出所反映情况时派出所的某干部不予理会。

当时我作为一名知情律师，也感不平。我在律所的批准同意下，开了介绍信，秉持着律师应为当事人负责的职责，直接带着当事人向该派出所的上一级机关（某市公安局）反映。但结果是与该局的某领导干部吵了一场。原来，该领导干部也是这个村的。公开拍桌子说打人的事他知道，律师没有用。在这样的情况下，我说了声"桌子不用拍，是公共办公用品，心中无愧也不用如此气急败坏"。随即出了该市公安局的大门，在无奈下，我直接走进了该

市的纪检委，控诉了办案派出所及该市公安局。

时隔3天后，当事人收到了某市纪委某纪信〔2014〕×××号回复，内容为："某某同志，你给我信中反映的问题转市公安局阅处，如有新的情况，请你直接与他们联系。中共某市纪委信访室，2014年4月2日。"同一日当事人陈某也收到了某市公安局某某某派出所的传唤证，内容为："陈某涉嫌故意损毁公共财物，根据《治安管理处罚法》第82条规定，现传唤你于2014年4月2日15时前到某市公安局某某某派出所接受询问，无正当理由拒不接受传唤或者逃避传唤的，将依法强制传唤。某市公安局某某某派出所，2014年4月2日。"走进某某某派出所，他们把当事人陈某关在询审内，不询也不问，一直到当事人陈某家属及律师来要人，到下午5点，听说公安局电话来了才放人。

在村民与舆论的压力下，该公安局作出了两个决定，各行政拘留10天，打人的要关，告公安局的也要关，"各打五十大板"。

当时当事人陈某、何某（女）一直问该派出所，打人的何某某（一个42周岁的壮年男子殴打年满61周岁的老妇），为什么既不受法律处罚，又不赔护理费、医药费等。

但祸不单行，5 月 13 日，当事人陈某（已满 68 岁的老人）刚吃完午饭，一辆公安局的公车便开到了陈某的家门口，理由是去某某某派出所一趟，马上回来。当事人陈某一进该派出所就是拍照、验血、核对身份、审问，并将其关在专关犯人的铁笼子内，地上有一床被、一块板。当事人抗议"你既没有逮捕证，又没有传唤证，凭哪条王法"。后来警察才放当事人到审讯室，直到下午 5 点，当事人陈某认得的一位老民警进来看到后，对管审的警察说："你们这样做也不对，老陈又不是犯人，放杯开水总可以。"于是就拿来了一纸杯开水，一盒子晚餐。当事人陈某作为一个老人，在这样的情况下哪还有心情吃一粒米饭。后来，陈某在没有看到行政处罚决定书的情况下，被带到了市公安局。大约过了半个多小时，又把当事人陈某押送到拘留所。只叫当事人陈某签字，签的是什么文件也不知道。拘留所内是十人一铺的通铺，当事人陈某已经是第九人了。

（三）行政复议之路

《宪法》第 41 条规定，我国公民对于任何国家机关和工作人员有批评和建议的权利，对其违法失职行为有申诉、控告、和检举的权利。此时，我去志愿服务的时间已到，7月9日必须去北京报到，而当事人的这个案件只能进行行政复议，但时间也必须在7月10日前，否则就过了复议期。我抓紧时间为当事人取证、拍照、赶写材料。两份行政复议申请书也上递到了该市人民政府行政复议庭，复议庭当即受理。我的二位当事人陈某、何某（女）总算可以为时效问题得到解决而宽心了。

复议庭虽然受理了复议，但两位当事人陈某、何某（女）心中的一块大石头始终放不下，只是看到了黑夜中的一丝光。什么时候开庭复议？案件是否能胜诉？复议庭会不会支持这两个"老人"？他们吃饭不香，难以入眠。如当事人陈某的案子不胜，说明当事人何某（女）被打的医药费用（共计1万元左右）一分也没得赔。终于等到了复议庭8月25日上午9时在该市府大楼复议听证室听证，公安局来了负责该案的派出所的某领导和公安局法制科的一位女干部。我的两位当事人陈某、何某（女）气愤且严肃，而派出所的那位领导却坐立不安，电话接二连三，只听那位公安局法制科的女干部悄悄地在说"我们输了"。而我的两位当事人气愤得无话可说，复议庭的主审官一直在安慰我两位当事人。复议到11：30多结束，大家各自散去。当事人在家一直心急如焚地等复议结果。直到10

天以后的 9 月 4 日，我的两位当事人收到了某市人民政府行政复议决定延期通知书，内容为："……根据《中华人民共和国行政复议法》第三十一条第一款的规定，行政复议决定延期至 2014 年 10 月 9 日前作出。"直到复议听证会 1 个月后，当事人何某（女）才收到行政复议决定书。其结果是："根据《中华人民共和国行政复议法》第二十八条第一款之规定，……本机关决定：维持被申请人作出的某公行罚决字［2014］第×××3 号行政处罚决定。"因为这个复议目的是公安局对打人者拘留 10 天的决定不服，我的当事人认为判得太轻有包疵纵容。但两位当事人也暂且认下了。关键是当事人陈某被拘留 10 天是否能胜诉，这是我二位当事人行政复议的重点，是两个复议案的主案。但是复议庭对我当事人陈某的复议案迟迟不复，直到我当事人何某（女）不服复议庭的决定再上诉时，该市人民法院 15 日的期限（以收到日次日为期限始）还剩 2 天。为以防当事人陈某的复议决定不利，基于对案件伸张延续性的考虑，10 月 8 日我当事人向该市人民法院递交了行政诉讼状，内容为：（1）确认某公行罚决定［2014］×××3 号行政处罚决定书违法，某政复决字［2014］2×号行政复议书错误；（2）依法审理查明事实并依法决定变更。

两位当事人上午去法院立案并得到受理，3个小时以后，复议庭来电话了，叫我们第二天也就是10月9日上午去复议庭，并拿到了我当事人陈某的行政复议决定书某政复决字［2014］第3×号。内容为："1.……被申请人对申请人明显不当，根据《中华人民共和国行政复议法》第二十八条第一款第（三）项之规定，本机关决定撤销被申请人作出的某公行罚字［2014］第×××2号行政处罚决定。"当我当事人陈某、何某（女）拿到这份历经6个月的行政复议决定书后，正义伸张的艰辛令他们流下了眼泪，并当场答应复议庭的主审官：（1）立即到法院撤回我当事人何某（女）已向法院递交的行政起诉状；（2）不要求公安局10天拘留的赔偿；（3）谢谢复议庭，人民政府依法行政。我的当事人何某（女）在12月拿到全部的医药费等近万元。我两位当事人的案件自此圆满结束。

（四）律师对本案的感悟

此时我已在千里之外的广西天等县作为志愿律师服务了近3个月，在我忙得连打电话的时间也没有时，等到我当事人陈某的电话时间已是晚上9点多了。悉知陈某复议成功，我甚感欣慰。我是整个案件的参与者及目击者。本案随着时间的推移，至今已变成了历史，但是回想起来还是心有余悸。依法行政是指国家机关及其工作人员依据宪法和法律赋予的职责权限在法律规定的职权范围内依法进行管理的活动。新《行政诉讼法》更加要求国家机关及其工作人员依据宪法和法律赋予的规定，在法定职责范围内充分行使管理的权力，做到既不失职又不越权。

随着新《行政诉讼法》的施行，最高人民法院、最高人民检察院、公安部、国家安全部、司法部联合出台了《关于依法保障律师执业权利的规定》，对律师执业权利保障设置了四项救济机制：投诉机制、申诉控告机制、维护律师执业权利工作机制、政法各部联席会议机制。只有完善的法律体制才能体现律师的价值。律师职业权利是当事人权利的延伸，关系当事人的合法权益能否得到有效维护，关系司法制度能否得到完善。由此看来，律师更应忠于国家、《宪法》，熟知地方法规，要有社会担当。切不可在办案中"怂恿矛盾、从中牟利"。几年前，《纽约时报》一篇文章，标题是《美国传统"体面职业"风光不再》，说的是律师和医生曾是美国两个最好的传统职业，不但薪酬丰厚，而且备受尊敬。但目前这两个好职业都已失去了往日的魅力和地位，虽然他们收入没有减少，但都不再受人敬仰。什么原因？律师从事公益服务的时间越来越少，收费的工作越来越多。[1]我们作为一个中国律师，难道还不值得警醒吗？

（五）律师从事实、法理、情理三重深层次剖析点评

首先，这是一只建造于 20 世纪 80 年代的茅厕 [离何某（受害人，女）家厨房不到 2 米]，厕所分两边，分别为木结构的三个老式的可以坐的几乎露天（顶上只是简单用水泥封顶）的坐厕，外面是用砖建造的，略用马赛克粉刷的围墙。基于新农村建设需要，"村两委"开会讨论决定将其拆除另建。村里派抓机过来决定拆除，但是何某某（男）却无理阻止。村干部丁叫陈某自己用抓机抓抓掉或砸掉好了（这是事实）。当事人陈某只是敲了其中一边的一只座头一点点，价值人民币 268 元不到。且第一时间向村干部丁、戊及联村干部汇报（2014 年 4 月 21 日当事人提交某某某派出所领导己的申辩书已说明）。在何某提起行政诉讼前，村委领导早已决定对旧的老式茅厕进行拆除改造，实际上没有造成任何损失。某市公安局套用："《浙江省公安厅关于违反治安管理行为情节认定的意见》浙公通字 [2009] 154 号，第 41 条故意损害财物（《治安管理处罚

----

〔1〕 邓甲明、王永："向'1+1'中国法律援助志愿者致敬"，载《中国律师》2014 年第 9 期。

法》第 49 条)，有下列情形之一的，属于'情节较重'：
(一)故意损毁公私财物价值 2000 元以上的；(二)故意损
毁公私财物价值虽未达到 2000 元，但有下列情形之一的：
1. 两次以上故意损毁财物的；2. 故意损毁公共场所设施
的；3. 持械或者结伙损毁公私财物的。"在明显不足 2000
元的情况下，不顾本案的事实与实际情况，强行给几乎无
人问津的失效茅坑贴上"公共场所设施"的标签，冤拘陈
某 10 日。根据《行政处罚法》第 33 条的规定，违法行为
轻微并及时改正，没有造成危害后果的，不予行政处罚。
也就是说，退一步讲，即使陈某的行为违法也是不用行政
处罚的。

其次，某市公安局分别作出了对陈某行政拘留 10 日
的行政处罚决定书(某公行罚字〔2014〕第×××2 号行政
处罚决定书)和对何某某(男，打人者)行政拘留 10 日
的行政处罚决定书(某公行罚字〔2014〕第×××3 号行政
处罚决定)。何某某(男，事发时 42 周岁，身高约 1.8
米)无故殴打何某(女，事发时 61 周岁)，并致何某多处
挫伤，多处瘀青，受伤部位为头部、左眼部、左耳部、脸
部、肩部附近等多处部位(何某申请行政复议时提供的病
历为证)。《民法通则》(已失效)第 98 条规定："公民享

有生命健康权。"第 119 条规定："侵害公民身体造成伤害的，应当赔偿医疗费、因误工减少的收入、残疾者生活补助费等费用；造成死亡的，并应当支付丧葬费、死者生前扶养的人必要的生活费等费用。"《侵权责任法》第 16 条规定，"侵害人身的财产损害赔偿范围"侵害他人造成人身损害的，应当赔偿医疗费、护理费、交通费等为治疗和康复支出的合理费用，以及因误工减少的收入。造成残疾的，还应当赔偿残疾生活辅助器具费和残疾赔偿金。造成死亡的，还应当赔偿丧葬费和死亡赔偿金。2021 年 1 月 1 日《民法典》实施后，《民法通则》及《侵权责任法》已废止。《民法典》第 1003 条规定："自然人享有身体权。自然人的身体完整和行动自由受法律保护。任何组织或者个人不得侵害他人的身体权。"第 1004 条规定："自然人享有健康权。自然人的身心健康受法律保护。任何组织或者个人不得侵害他人的健康权。"第 1179 条规定："侵害他人造成人身损害的，应当赔偿医疗费、护理费、交通费、营养费、住院伙食补助费等为治疗和康复支出的合理费用，以及因误工减少的收入。造成残疾的，还应当赔偿辅助器具费和残疾赔偿金；造成死亡的，还应当赔偿丧葬费和死亡赔偿金。"同时，《治安管理处罚法》第 43 条规定："殴打他人的，或者故意伤害他人身体的，处五日以上十日以下拘留，并处二百元以上五百元以下罚款；情节较轻的，处五日以下拘留或者五百元以下罚款。有下列情形之一的，处十日以上十五日以下拘留，并处五百元以上一千元以下罚款：（一）结伙殴打、伤害他人；（二）殴打、伤害残疾人、孕妇、不满十四周岁的人或者六十周岁以上的人的；（三）是多次殴打、伤害他人或者一次殴打、伤害多人的。"根据《治安管理处罚法》第 43 条第 2 款的规定，对打人者何某某应依法处 10 日以上 15 日以下拘留，并处 500 元以上 1000 元以下罚款。然事发后，某市公安局派出机构某某某派出所放纵打人者何某某，对其既不进行行政拘留也不追讨医疗费。《宪法》第 41 条规定："中华人民共和国公民对于任何国家机关和国家工作人员，有提出批评和建议的权利；对于任何国家机关和国家工作人员的违法失职行为，有向有关国家机关提出申诉、控告或者检举的权利，但是不得捏造或者歪曲事实进行诬告陷害。对于公民的申诉、控告或者检举，有关国家机关必须查清事实，负责处理。任何人不得压制和打击报复。由于国家机关和国家工作人员侵犯公民权利而受到损失的人，有依照法律规定取得赔偿的权利。"据此，我和陈某于

2014 年 3 月 31 日依法向某纪委申诉、控告某市公安局。

再次，笔者全程参与此案代理，包括提供法律意见、撰写材料、依法取证，对此案的事实可谓清清楚楚。此案中，陈某被违法拘留 10 日是冤拘。村干部丁迫于压力违背事实良心作了伪证。现引用村干部丁的原话："那天做笔录做到很晚了，没有看清楚，现在如果去说过来的话，联村干部就说你被套住了。"要求看笔录非常艰难，第一次是在 2014 年 3 月 26 日，在依法出示介绍信、律师证并经某市公安局法制办批准同意的情况下，某某某派出所只允许看打人者何某某和受害人何某的笔录，不允许看证人的笔录。第二次是 2014 年 5 月 15 日。我去某市公安局法制办再次申请看证人的笔录，某市法制办通过电话征求某某某派出所的意见后说是证人的笔录要在复议上去之后才可以看。当权力与法律发生冲突时，我作为一名社会主义法律工作者，如履薄冰、刚正不阿。在 2014 年 7 月 9 日去北京参加"1+1"中国法律援助志愿者派遣会报到之前的几天时间里，我白天准备律所指派办理的案件的归档移交等工作及去服务地广西的准备工作（主要上网查阅当地的地理环境、相关案例，不断对各种类型的案件知识进行系统化的归纳、总结，以不变应万变的姿态为服务地百姓提供优质法律服务），晚上还要准备陈某"民告官"（公安局）的相关证据，撰写申请书、律师代理意见等文书。当陈某的行政复议被提交某市人民政府法制办立案时，我已在千里之外的广西从事志愿律师工作。因工作忙碌加上交通不便，我没能赶回来看证人的笔录，又因复议庭审时间是 2014 年 8 月 25 日，我亦不能赶回来参加复议庭审，只能由陈某本人去。我只能在深夜通过电话遥控指导陈某庭审注意事项及庭审技巧。我在办案中始终贯彻"以事实为依据、以法律为准绳"的原则，运用办案技巧。就何某被打伤一案提起行政复议的主要理由是：被告在原告提出申请的情况下没有前往医院拍照固定证据，鉴定结论也没有参考住院病历，属程序违法，且鉴定结论未达轻微伤也是明显错误的。依据于 1997 年 1 月 1 日实施的《人体轻微伤的鉴定标准》（已失效）第 3.7 条，眼部挫伤即构成轻微伤，也就是说原告的伤至少是轻微伤以上。原告提供已于 1997 年 1 月 1 日实施的《人体轻微伤的鉴定标准》为依据，复议机关不予采纳，也没有在原告对鉴定意见有异议的情况下，通知鉴定人说明情况。以此为理由，我们在规定时效最后一天提起行政诉讼。《行政复议法》第 31 条第 1 款规定："行政复议机关应当自受理申请之日起六十日内作出行政复议决定；但是法律规定的行政复议期限少于六十日的除外。……"情况复杂，不能在规定期限内作出行政复议决定的，经行政复议机关的负责人批准，可以适当延长，并告知申请人和被申请人，但是延长的期限最多不超过30日；行政复议机关作出行政复议决定，应当制作行政复议决定书，并加盖印章；行政复议决定书一经送达，即发生法律效力。因陈某行政复议案在何某行政复议案提起行政诉讼前60天期限即已到，复议机关对陈某行政复议案延期至2014年10月9日前作出，在何某行政诉讼一案的立案材料于2014年10月8日被提交某市人民法院立案庭窗口3小时后陈某接到了复议机关的电话，并于第二天领取了行政复议决定书。复议决定书决定：一是撤销某公行罚字［2014］第×××2号行政处罚决定；二是责令某市公安局对陈某进行赔礼道歉。陈某"民告官"最终以胜诉结案。

最后友情提示：法治路上你我同行！手握国家公权的行政机关公职人员一定要严格遵守宪法、法律、行政法规的规定。社会经济飞速发展，法律法规更新日益频繁，一定要不断加强学习，与时俱进。切不可打法律的擦边球，特别是手握剥夺公民人身自由权利的国家公权力机关（如公安机关）公职人员，在行使权力时既要做到实体公正，也要做到程序公正。碰到职务中应当回避的情形应主动提出回避申请。《公安机关办理刑事案件程序规定》第 32 条规定："公安机关负责人、侦查人员有下列情形之一的，应当自行提出回避申请，没有自行提出回避申请的，应当责令其回避，当事人及其法定代理人也有权要求他们回避：（一）是本案的当事人或者是当事人的近亲属的；（二）本人或者他的近亲属和本案有利害关系的；（三）担任过本案的证人、鉴定人、辩护人、诉讼代理人的；（四）与本案当事人有其他关系，可能影响公正处理案件的。"更不能徇情枉法、徇私枉法，人为制造冤假错案。

青少年维权

一、现行法律对未成年人的主要特殊保护制度

（一）对犯罪的未成年人实行教育、感化、挽救的原则

未成年人是相对于成年人而言的，通常以生理年龄作为是否成年的标准。我国《民法典》第 17 条规定："十八周岁以上的自然人为成年人。不满十八周岁的自然人为未成年人。"同时，《民法典》第 13 条规定："自然人从出生时起到死亡时止，具有民事权利能力，依法享有民事权利，承担民事义务。"因此，未成年阶段包括从出生之日起至不满 18 周岁的阶段，胎儿在脱离母体前不是独立的个体，还不属于未成年人。

考虑到"一失足成千古恨"的不良影响，国家对未成年人刑事案件在程序设计上应给予特别关注，这是《刑事诉讼法》一大亮点，体现了进一步贯彻"教育、感化、挽

救"的方针和"教育为主、惩罚为辅"的原则，切实保护未成年人的诉讼权利和其他合法权利。办理未成年人案件应当将未成年人利益放在第一位，以"未成年人权益最大化"为出发点，将重心放在"教育、感化、挽救"上，使其顺利回归社会。这体现了我国对未成年人的关爱，为办理未成年人刑事案件提供了明确的指导思想。《刑事诉讼法》明确规定对犯罪的未成年人实行"教育、感化、挽救"的方针和"教育为主、惩罚为辅"的原则，这是由未成年人案件的特殊性决定的。未成年人犯罪的动机相对简单，犯罪行为带有很大的盲目性和随意性，很多是由意志薄弱或者是情感冲动造成的，主观恶性不深，加之未成年人智力、身心发育尚未成熟，对外界事物的重新认识和对内心世界的自我评价具有较大的可塑性。未成年人犯罪，从一定意义上讲更多的是学校、家庭、社会等各个方面的责任。从某种意义上讲，未成年人本身也是受害者。同时，相比成年人，未成年人的社会经验不足、对法律的了解相对欠缺，自身的保护意识和防御能力较弱。因此，他们在诉讼中的弱势地位非常明显。这也决定了其在诉讼中更加需要关照和保护。

相关法条链接：

《刑事诉讼法》第 277 条规定："对犯罪的未成年人实行教育、感化、挽救的方针，坚持教育为主、惩罚为辅的原则。人民法院、人民检察院和公安机关办理未成年人刑事案件，应当保障未成年人行使其诉讼权利，保障未成年人得到法律帮助，并由熟悉未成年人身心特点的审判人员、检察人员、侦查人员承办。"

第 279 条规定："公安机关、人民检察院、人民法院办理未成年人刑事案件，根据情况可以对未成年犯罪嫌疑人、被告人的成长经历、犯罪原因、监护教育等情况进行调查。"

（二）未成年人档案封存制度

未成人犯罪记录封存制度具体为《刑事诉讼法》第 286 条规定："犯罪的时候不满十八周岁，被判处五年有期徒刑以下刑罚的，应当为相关犯罪记录予以封存。犯罪记录被封存的，不得向任何单位和个人提供，但司法机关为办案需要或者有关单位根据国家规定进行查询的除外。依法进行查询的单位，应当对被封存的犯罪记录的情况予以保密。"由于未成年人罪犯一般主观恶性较小，且可塑性强，应对未成年犯罪的犯罪记录实行封存制度，有利于未成年人罪犯更好地回归社会。

（三）附条件不起诉制度

《刑事诉讼法》第282条第1款规定："对于未成年人涉嫌刑法分则第四章、第五章、第六章规定的犯罪，可能判处一年有期徒刑以下刑罚，符合起诉条件，但有悔罪表现的，人民检察院可以作出附条件不起诉的决定。人民检察院在作出附条件不起诉的决定以前，应当听取公安机关、被害人的意见。"在附条件不起诉的考验期内，由人民检察院对被附条件不起诉的未成年犯罪嫌疑人进行监督考察。第2、3款规定："对附条件不起诉的决定，公安机关要求复议、提请复核或者被害人申诉的，适用本法第一百七十九条、第一百八十条的规定。未成年犯罪嫌疑人及其法定代理人对人民检察院决定附条件不起诉有异议的，人民检察院应当作出起诉的决定。"

相关重点法条链接：

《刑事诉讼法》第283条规定："在附条件不起诉的考验期内，由人民检察院对被附条件不起诉的未成年犯罪嫌疑人进行监督考察。未成年犯罪嫌疑人的监护人，应当对未成年犯罪嫌疑人加强管教，配合人民检察院做好监督考察工作。附条件不起诉的考验期为六个月以上一年以下，从人民检察院作出附条件不起诉的决定之日起计算。被附条件不起诉的未成年犯罪嫌疑人，应当遵守下列规定：（一）遵守法律法规，服从监督；（二）按照考察机关的规定报告自己的活动情况；（三）离开所居住的市、县或者迁居，应当报经考察机关批准；（四）按照考察机关的要求接受矫治和教育。"

第284条规定："被附条件不起诉的未成年犯罪嫌疑人，在考验期内有下列情形之一的，人民检察院应当撤销附条件不起诉的决定，提起公诉：（一）实施新的犯罪或者发现决定附条件不起诉以前还有其他犯罪需要追诉的；（二）违反治安管理规定或者考察机关有关附条件不起诉的监督管理规定，情节严重的。被附条件不起诉的未成年犯罪嫌疑人，在考验期内没有上述情形，考验期满的，人民检察院应当作出不起诉的决定。"

二、法援青少年常见犯罪案例

（一）侵犯财产类犯罪

被告人周某，男，17周岁，初中毕业后无业。

2016 年 7 月 14 日凌晨，被告人周某伙同他人（具体信息不详，在逃）窜至××县××镇拆迁小区被害人石某家楼道内，将被害人石某的一辆蓝色××牌踏板摩托车（车架号为：×……×，发动机号为××××）盗走后逃离现场，因担心被失主发现，被告人周某将摩托车改造成绿色。案发后该被盗摩托车已被追回并已发还给被害人石某。经××县价格认证中心鉴定，被盗摩托车价值人民币 6000 余元。

2016 年 7 月 27 日周某被××县公安局刑事拘留，同年 9 月 1 日被××县公安局执行逮捕。2016 年 11 月 22 日，××县人民检察院决定对其变更强制措施为取保候审，2016 年 11 月 23 日，该院继续对其取保候审。

案发后，被告人周某积极接受财产刑，主动缴纳罚金人民币 1000 元，且主动赔偿被害人石某经济损失人民币 800 余元并取得了被害人谅解。

法院经依法开庭审理后认为：被告人周某以非法占有为目的，伙同他人秘密窃取公民财物，价值人民币 6000 余元，根据最高人民法院、最高人民检察院《关于办理盗窃刑事案件适用法律若干问题的解释》第 1 条及××省高级人民法院、××省人民检察院《关于对××省盗窃犯罪数额认定标准的规定》第 1 条的规定，属数额较大，其行为已构成盗窃罪。依法判处被告人周某有期徒刑 6 个月，缓刑 1 年，并处罚金人民币 1000 元。

（二）侵犯人身类犯罪

被告人吴某，男，17 周岁，初中毕业，无业。

2016 年 3 月 4 日凌晨 1 时许，王某在××县第三中学附近无故遭被告人吴某等人殴打。2016 年 3 月 5 日 20 日许，王某邀约被害人杨某等十余人陪同其去找被告人吴某理论。经王某电话联系被告人吴某等人后，同日 23 时许，被告人吴某携带两把菜刀与被告人肖某在××县××街道找到王某，随即持刀对王某进行追砍。在追逐王某过程中，被告人吴某等人发现对方人员较多，便电话邀约刘某（另案处理）前来帮忙，约定汇合地点为××县××街道某某门口。随后，刘某从家中拿了一把杀猪刀邀约王某某（另案处理）、万某（另案处理）、刘某某（另案处理）三人前去帮忙。受邀约后，王某某携带八根钢管及一把开山刀与刘某骑车赶赴约定地点，刘某某、万某也骑车赶往约定地点。

2016 年 3 月 6 日 1 时许，刘某、万某、王某某、刘某某在××县××街道某某门口与被告人吴某、肖某二人汇合，分发刀具后，六人便骑乘二辆踏板摩托车（刘某某骑车搭载万某及被告人吴某；王某某骑车搭载刘某及被告人肖

某）到位于××县××街道的××车站附近寻找王某等人。被
告人吴某发现王某某等人在××车站门前人行道旁后，刘某
某遂骑车冲向人行道，乘坐该车的万某持刀将路过该处的
被害人卢某头部砍伤。随后，被告人吴某、肖某及万某、
刘某、王某某五人持刀和钢管将被害人杨某追至××车站的
一巷子里，被告人吴某及万某、刘某、王某某持刀将被害
人杨某砍伤，被告人肖某持钢管对被害人杨某进行殴打。
期间，刘某某停车在××车站门口等候。作案后，六人骑车
逃离现场。

被告人吴某于 2016 年 3 月 11 被××县公安局刑事拘
留，同年 4 月 16 日被依法逮捕，羁押于×××看守所。

2016 年 3 月 29 日，××中一司法鉴定中心出具《×中
一司鉴［2016］临鉴字第 7×号法医临床司法意见书》，认
定：（1）被害人杨某右面部因刀砍伤致右眼球穿通伤及面
部损伤程度初步评定为轻伤一级；（2）杨某右上臂后方因
刀砍伤形成疤痕损伤程度评定为轻伤二级。另，该鉴定意
见书载明：被害人杨某眼球穿通伤及角巩膜穿通致视力损
害因未达到《人体损伤程度鉴定标准》评定时限，暂不予
评定，若视力降低在临床治疗终结后超过轻伤一级标准，
届时可作补充鉴定。2016 年 4 月 4 日，××中一司法鉴定

中心出具《某中一司鉴［2016］临鉴字第 1×× 号法医临床司法鉴定意见书》，认定被害人卢某头部损伤程度为重伤二级。2016 年 9 月 12 日，×× 中一司法鉴定中心出具《某中一司鉴［2016］临鉴字第 1××× 号法医临床司法鉴定意见书》，认定被害人杨某右面部因刀砍伤致右眼球穿通伤及面部损伤程度为重伤二级。

案发后，被告人吴某在其家属的帮助下赔偿了被害人杨某经济损失人民币 2500 元，赔偿了被害人卢某经济损失人民币 2500 元。

法院依法审理认为，被告人吴某持械故意非法损害他人身体致重伤，其行为已构成故意伤害罪。法院依照《刑法》第 234 条第 2 款，第 25 条第 1 款，第 26 条第 1 款、第 4 款，第 27 条，第 67 条第 1 款、第 3 款之规定，判决被告人吴某犯故意伤害罪，判处有期徒刑 2 年 4 个月。

三、心理健康与青少年健康成长

青少年青春期是个体生长发育的关键时期。在这个时期，身体和生理机能都发生着急速变化，是生长发育的高峰期，也就是第二加速期。身体的急剧变化使青春期少年更加关注自己的外在形象，关心穿衣打扮，开始模仿心中的偶像，心里渴望得到尊重感越来越强。

从发展心理学来讲，青少年青春期是身体生长发育的鼎盛时期，但人生磨砺及心智的发展尚处于人生的初始阶段，教科书上学到的人生观和世界观对于青春期青少年来讲，主要是为了应对考试，并不能真正理解内涵，分清是非及深刻领悟青春期青少年应树立怎样的世界观和人生观。

由于家庭及学校主要抓升学率，注重学科考试分数，往往会忽视对青春期青少年能力及兴趣爱好的培养，特别是健全人格的构建，往往很难形成家长、教师、学生共情，教师及家长往往把青春期青少年的学习成绩放在第一位，很少去关心青春期青少年的情感需求，有时候效果会适得其反，使青春期青少年出现叛逆心理。同时，青春期青少年在生理上的急剧变化也冲击着心理的发展，使身心发展在这个关键期很容易失去平衡。

有些青春期青少年甚至背着教师、家长走上了违法犯罪的道路。如在上述故意伤害案件中，在双方多人持械打架之前，教师、家长如果能及时发现，或者这些青春期青少年能主动向老师、家长汇报情况，就能有效预防甚至减少此类违法犯罪的发生。

青少年是祖国的未来，"少年强则国家强"，为使青少年能健康成长。《刑法修正案（十一）》已由中华人民共和国第十三届全国人民代表大会常务委员会第二十四次会议于 2020 年 12 月 26 日通过，并于自 2021 年 3 月 1 日起施行。其中一处修改为，"已满十二周岁不满十四周岁的人，犯故意杀人、故意伤害罪，致人死亡或者以特别残忍手段致人重伤造成严重残疾，情节恶劣，经最高人民检察院核准追诉的，应当负刑事责任"。即《刑法修案（十一）》将青少年犯罪的追诉年龄降低为 12 周岁。2022 年 1 月 1 日实施的《家庭教育促进法》及《关于加强中小学心理健康教育的若干意见》（教基〔1999〕13 号）等都从青少年成长关爱的角度提出了立德树人及心理健康的理念。